CIEN ROSTROS DE MARÍA

para la contemplación

Clemente Arranz Enjuto

CIEN ROSTROS DE MARÍA
para la contemplación

SAN PABLO

Créditos de las ilustraciones:

Catedral de Palencia: páginas 73, 125.

Colegiata de Villagarcía de Campos (Valladolid): página 99.

Convento de las Madres Agustinas (Salamanca): página 67.

Iglesia de Arcenillas (Zamora): página 121.

Iglesia parroquial de Chinchón (Madrid): página 145.

Ministerio de Asuntos Exteriores (Madrid): página 57.

Museo Catedralicio (Ávila): página 79.

Museo Civil de Quito (Ecuador): página 199.

Museo de Bellas Artes (Sevilla): páginas 15, 23, 31, 37, 63, 85, 89, 93, 95, 97, 105, 107, 115, 127, 139, 147, 201.

Museo de Santa María de Mediavilla (Medina de Rioseco, Valladolid): páginas 21, 167, 207.

Museo del Prado (Madrid): páginas 9, 11, 13, 17, 19, 25, 27, 29, 33, 39, 41, 43, 45, 47, 49, 51, 53, 55, 59, 61, 69, 71, 75, 77, 81, 83, 87, 91, 103, 111, 113, 119, 123, 129, 131, 135, 137, 141, 143, 149, 151, 153, 155, 159, 165, 171, 173, 175, 177, 179, 183, 185, 187, 191, 193, 197, 203, 205.

Museo Thyssen-Bornemisza (Madrid): páginas 65, 133, 161, 181.

Museos Vaticanos: página 157.

National Gallery (Londres): páginas 101, 117, 163, 169, 189.

Oficina Arqueológica de la Academia Eclesiástica (Moscú): página 195.

Palacio Arzobispal (Madrid): páginas 35, 109.

Centro Iberoamericano de Editores Paulinos (CIDEP):
Barcelona, Bogotá, Buenos Aires, Caracas, Lima, Lisboa, Los Ángeles, Madrid, México, Miami, Nueva York, Panamá, Quito, Santiago de Chile, San José de Costa Rica, São Paulo, Sevilla.

5.ª edición

© SAN PABLO 1998 (Protasio Gómez, 11-15. 28027 Madrid)
Tel. 917 425 113 - Fax 917 425 723
E-mail: secretaria.edit@sanpablo-ssp.es - Internet: http://www.sanpablo-ssp.es
© Clemente Arranz Enjuto 1998

Distribución: SAN PABLO. División Comercial
Protasio Gómez, 11-15. 28027 Madrid * Tel. 917 434 129 - Fax 913 717 701
E-mail: ventas@sanpablo-ssp.es
ISBN: 84-285-2110-7
Depósito legal: M. 43.054-2004
Impreso en Artes Gráficas AGA. Rufino González, 33. 28037 Madrid
Impreso en España. Printed in Spain

Presentación

$\mathcal{D}$espués del gran acierto que significó la publicación del libro *Cien rostros de Cristo*, don Clemente Arranz nos ofrece ahora *Cien rostros de María*, mostrando una vez más cómo la fuerza irresistible de la belleza es un camino seguro hacia Dios. De nuevo el autor pone en evidencia, a través de cien testimonios pictóricos junto con otros tantos literarios, la estrecha y profunda unidad entre el arte y la fe cristiana, entre la verdad, el bien y la belleza, y en esta segunda obra, de un modo especialmente significativo, la indisoluble unidad entre Cristo y María.

El Verbo de Dios, que es la Belleza misma, fuente de toda belleza, encarnado en las purísimas entrañas de María se nos entrega para que, llenos de asombro, lo contemplemos, lo amemos y lo adoremos. Y es María quien nos lo muestra, sosteniéndolo en sus brazos y, antes incluso, en su misma belleza de Virgen y Madre de Dios. Ella es la «llena de gracia», en quien ya desde su Inmaculada Concepción se ha hecho presente en este mundo la belleza misma de Dios, como aurora que anuncia la venida de Cristo, «el Sol que nace de lo alto».

A lo largo de los siglos, desde la tradición iconográfica occidental, que expresa con ricas variantes la belleza física de la Virgen, hasta la oriental ofreciendo en sus maravillosos iconos la profundidad de su belleza espiritual y mística, se han multiplicado los rostros de María que ponen sus ojos en los nuestros, para hacernos sentir el amor infinito del Señor del modo más verdaderamente humano, y por eso mismo divino, como es la mirada de una madre, de la Madre a quien pedimos: «¡Vuelve a nosotros esos tus ojos misericordiosos…!».

El libro *Cien rostros de María* bien puede ser una bella respuesta a esta súplica que le dirigimos en la oración de la Salve. Por mi parte, lo recomiendo de veras. Acercarse con sencillez de corazón a estas páginas, cuya única finalidad es llevar al conocimiento y al amor de María, contemplarla a ella a través de la belleza del arte y la literatura, es en realidad dejarse mirar por ella, y su mirada no hace otra cosa que mostrarnos a Jesús, a «aquel en quien radica la salvación del mundo», en palabras de una bella oración de la liturgia de la Iglesia.

+ Antonio Mª Rouco Varela

Introducción

$\mathcal{E}$l cristianismo ha colocado a un hombre, Cristo, en el seno de la Trinidad y la humanidad tiene la dicha de haber puesto ante el mismo trono del Altísimo a la mujer más maravillosa de todos los siglos, María. Jesús, el más bello entre los hijos de los hombres... y María, la «llena de gracia» (Lc 1,28) y santidad, «bendita entre todas las mujeres» (Lc 1,42), constituyen la esperanza de la humanidad caída y un mar inmenso de dulzura y consuelo.

Si mi pluma no es capaz de reflejar ese mundo tan original de belleza que es María, que los hermosos cuadros (que tan pulcramente dejan traslucir su figura) suplan la parvedad de mis ideas y sentimientos. Quizás sea una audacia por mi parte el querer ensalzar y hablar de María, siendo ella tan humilde, pulcra y transparente que se sale de mi alcance. Por eso, con todo el amor y devoción que me sea posible hacia la Madre del Señor, quiero añadir de prestado el colorido de este conjunto de cien cuadros de los mejores y más grandes pintores sobre la vida y misterios de María. Ojalá que este libro sea un granito de arena, una humilde nota que se una al canto universal de las generaciones de todos los tiempos en honor de la Virgen, cosa que ya san Lucas se atrevió a poner en boca de María, como una profecía, al decir: «Bienaventurada me llamarán todas las generaciones» (Lc 1,48). Cabe recordar aquí lo que decía Carretto: «Somos demasiado complicados para escribir de una creatura tan transparente como María». Intentaré —desde mi radical limitación, pero con el mayor afecto de mi corazón— decir algo de la vida y virtudes de María. Algo que configure, de alguna manera, *un cuadro de la vida espiritual*. De ella, la Virgen de limpia hermosura, mujer radiante y de mil matices, se podrían decir infinitas cosas bellas; pero ni sé ni tengo destreza para decir bien lo que sé. Que mi deseo —con la ayuda de la Madre bendita— se traduzca en algo provechoso y útil para el lector amante de María.

¿Por qué hago *Cien rostros de María* después de *Cien rostros de Cristo?*:

- Porque a Jesús le faltaba un *rostro* como complemento de mi primer libro: le faltaba el *rostro* de María. Ella es el más fiel reflejo de la vida del Señor. Mirando a María se ve el verdadero rostro del Señor.
- Porque al recordar al Señor nunca debemos olvidar la fuente humana de donde procede, que no es otra sino la fecunda maternidad de María.
- Porque a María la han pintado los mismos grandes y célebres pintores que pintaron a Jesús; y el arte, al igual que en el libro sobre Cristo, se pone aquí al servicio de la alabanza y devoción a María.
- Porque el pueblo fiel responde siempre —y si cabe más prontamente— a los encantos y devoción de María.

- Porque deseo poner la inmensa riqueza del arte pictórico que existe sobre la Virgen no sólo para la contemplación puramente estética, sino también para la oración y la contemplación «visual» religiosa.

Junto a estos cien cuadros reproducidos, van unos textos sencillos para la oración y la meditación, los cuales se complementan recíprocamente, en la medida de lo posible, con lo expresado en la pintura. Este libro es para contemplar religiosamente la figura de María a través de los textos y las reproducciones pictóricas. Por ello es un libro para meditar, y no sólo para leer. No son meditaciones explanadas, sino unas notas breves encaminadas a un mejor conocimiento e imitación de María. Para que no se quede en unos textos «piadosos», está abierta su lectura al trabajo personal. También puede ser sugerente para los sacerdotes en predicaciones de *urgencia* sobre María. Se sigue un orden lógico en los principales pasos de la vida de la Santísima Virgen.

Una observación: de la *encarnación,* el *nacimiento,* la *huida* a Egipto y los *dolores* de la Virgen hay mucha recreación en la pintura. Escasean, en cambio, en museos e iglesias, los cuadros sobre otros aspectos de la vida de María. Por eso ha habido una búsqueda, lenta y laboriosa, de algo «diferente».

Cien rostros de Cristo tiene todas sus reproducciones tomadas únicamente del Museo del Prado. En *Cien rostros de María,* en cambio, los cuadros están tomados de diversos museos, catedrales e iglesias, si bien el Museo del Prado nos ofrece el mayor fondo. Creemos que, aunque no ha sido fácil esta recopilación, sin embargo es un buen elenco el de los cuadros seleccionados acerca de los principales pasos de María, y esperamos que sea del agrado de los lectores.

El verso de los poetas clásicos y modernos (Lope de Vega, Gerardo Diego, Rafael Matesanz..., por citar alguno) tiene el cometido de hacer más bella y atractiva la figura de María.

Que todo sea como una ofrenda de gloria y alabanza a nuestra Señora. Y mi deseo es que sirva de gozo y provecho a los que contemplen los cuadros de María y mediten el contenido de los textos.

No pretende este libro ofrecer un retrato exhaustivo de María, sino un instrumento para el conocimiento de la Madre de Dios. Pretende situar al creyente ante la colosal y singular figura de María, que tanto tiene que decir al hombre de hoy y de siempre.

Es tal su hermosura
que es milagro toda,
porque apenas era,
cuando ya era hermosa[1].

CLEMENTE ARRANZ ENJUTO

Madrid, 1 de diciembre de 1998

7

1. María en la mente divina

$\mathcal{M}$aría es amada por Dios desde toda la eternidad. Dios la amó desde siempre y la creó en el tiempo. Lope de Vega expresa esta idea en unos versos de hondo sentido teológico:

> *Fuera de Dios no hay quien sea*
> *tan antigua como vos,*
> *pues es sin principio Dios*
> *y os hizo Dios en su idea[2].*

También a nosotros Dios nos amó primero, incluso antes de crearnos. Dios no necesita de nuestra existencia real para amarnos. Dice la Sagrada Escritura que si Dios no nos hubiera amado, no nos habría creado. María, en la mente de Dios, siempre fue amada como su Madre; y si Dios la pudo hacer la creatura más primorosa entre todos los seres, seguro que la hizo: «Apareció una figura portentosa en el cielo: una mujer vestida de sol con la luna bajo sus pies y una corona de doce estrellas» (Ap 12,1).

Ni los profetas ni los apóstoles y santos todos se pueden comparar con María. Ella tiene y supera todas las maravillas de la creación. La nieve en su inmaculada blancura, el azul del cielo, el fulgor de los astros, la hermosura de las campiñas repletas de flores, no pueden expresar ni simbolizar adecuadamente lo que es María, *la llena de gracia* y Madre del Señor. Frecuentemente se aplican a María las siguientes palabras del libro de los Proverbios: «El Señor me creó al principio de sus tareas, al comienzo de sus obras antiquísimas. En un principio remotísimo fui formada antes de crear la tierra» (Prov 8,22-23).

Toda la creación no pasa de ser un ensayo, comparado con María. Ella fue predestinada por Dios para la altísima dignidad de ser su Madre y para ser la imagen *viva* y la más primorosa y perfecta reproducción de Jesús.

También nosotros hemos sido predestinados a la dignidad de ser hijos de Dios; y no sin la acción de María podemos reproducir la imagen de Jesús y llegar a ser de verdad hijos de Dios. Ella modela a los hijos de Dios.

Para imitar mejor el modelo, o lo que es lo mismo, para parecerte más y más a María, ella te invita a desterrar de ti todos los vicios y pecados y, a la vez, irte llenando de gracia sembrando en tu corazón todas las virtudes.

El nacimiento de la Virgen (1640)
JOSÉ LEONARDO (1601-c. 1653)
Museo del Prado (Madrid)

2. ¿Cómo conocer a María?

$\mathcal{U}$n buen devoto de María se tiene que preguntar: ¿qué debo hacer para conocer y amar a María? El camino para conocer mejor y quedar cautivo y bien enamorado de la santísima y deslumbrante vida de María es aplicarnos a conseguir con relación a ella un triple conocimiento:

- *Un conocimiento histórico.* Son pocos los textos bíblicos que hacen alusión a María, por lo que no es difícil acceder a ese conocimiento de una forma exhaustiva. Esto es fundamento y base para acceder a los otros.
- *Un conocimiento profundo o teológico.* Es necesario conocer, con todo esmero y dedicación, la doctrina de la Iglesia acerca de los dogmas marianos y de la sencilla y a la vez extraordinaria vida de la Madre de Dios. Leer a buenos teólogos y a los Santos Padres es necesario también para fundamentar nuestra devoción adentrándonos en la riquísima tradición de la Iglesia.
- *Un conocimiento experimental o sapiencial de María.* Para ello es imprescindible contemplar asiduamente los textos históricos y los dogmas marianos, así como celebrar las fiestas de María con gran entusiasmo religioso hasta llegar a tener un gran gozo experimental acerca de las excelencias de María, de su poder y misericordia entrañable, de su ternura, de su acción en la vida de la Iglesia y de las maravillas que Dios quiere que ella haga en las almas. Este conocimiento experimental puede suplir a los otros, pero los otros anteriores sin este se quedan demasiado fríos y sin vida.

Hemos de notar que, ante ese mundo inefable de la sin igual santidad y belleza de María, los conceptos *teológicos* se quedan demasiado cortos y no son suficientemente expresivos. La vía *veritatis* de la que habla Pablo VI se queda muy corta y así es preciso acudir a las artes (vía *pulcritudinis*) para adentrarnos más y más en las excelencias de la Virgen María.

Por ello acudimos a la *pintura*, que, con su colorido y su expresión simbólica, tan digna y altamente representa el misterio mariano; al *teatro*, con obras como *La hidalga del valle* (Calderón), *La anunciación* (Paul Claudel) o una de las más recientes, titulada *Interrogatorio a María* (Giovanni Testore), que nos ofrece una teología plástica mucho más inteligible que los conceptos puramente académicos; a la *poesía*, que muchas veces encierra abundante doctrina en bellas palabras y conceptos y otras, desde lo entrañable del alma, se hace un bello y ardiente elogio a la Madre de Dios y, en no pocas ocasiones, se eleva una oración confiada solicitando su entrañable y poderosa ayuda.

Inmaculada Concepción
Mariano Salvador Maella (1739-1819)
Museo del Prado (Madrid)

3. La Inmaculada en la Escritura y en la Iglesia

«Pondré enemistades entre ti y la mujer, entre tu descendencia y la suya» (Gén 3,15).

La Sagrada Escritura. La enemistad de que nos habla el texto sagrado (Gén 3,15) y que se da entre la mujer y la serpiente (símbolo del mal) está significando que María nunca pactó con el pecado. Por ello siempre fue limpia e inmaculada del pecado original y de todo pecado personal.

Al llamar el ángel a María *llena de gracia* en la anunciación, implícitamente la está llamando *inmaculada*. Decir *llena de gracia* es lo mismo que decir que María está llena de toda santidad; y la santidad está reñida con todo pecado, también con el pecado original.

Por lo que se dijo a posteriori —llena de gracia— sabemos lo que sucedió anteriormente: que María estuvo libre de pecado original. Dios, que había de habitar en el interior de María, no iba a permitir que la lava inmunda del pecado se posase en aquella alma santísima.

A María la alcanzó la redención universal de Cristo, preservándola, por singular privilegio, de todo pecado, incluido el pecado original.

La Iglesia. Durante casi diecinueve siglos la Iglesia, con sus legiones de santos, doctores, artistas, poetas y todo el pueblo fiel, anheló tener en el sagrado depósito de su fe este inapreciable dogma de la *inmaculada concepción* de la Virgen María.

Dice así la ansiada y solemne definición dogmática de Pío IX dada en el año 1854: «La bienaventurada Virgen María fue preservada inmune de toda mancha de pecado original en el primer instante de su concepción por singular gracia y privilegio de Dios omnipotente, en atención a los méritos de Jesucristo Salvador del género humano» (DS 2803).

María se manifestó en Lourdes como inmaculada cuando después de diecisiete apariciones dijo a Bernardette: «Yo soy la Inmaculada Concepción». Y desde entonces muchedumbres de peregrinos en Lourdes y otros santuarios marianos, multitud de obras e instituciones puestas bajo la advocación de la Inmaculada, y la preciosa fiesta del 8 de diciembre forman un canto ininterrumpido de fe y alabanza a esta mujer única, esperanza segura de la humanidad, que intercede sin cesar por los hombres ante el trono de Dios.

Imita su limpieza de pecado y lucha contra el mal moral para mejor parecerte a María Inmaculada.

Inmaculada (1628)
Pedro Pablo Rubens (1577-1640)
Museo del Prado (Madrid)

4. La Inmaculada y su magnificencia

Hija del Padre. Entre las creaturas salidas del poder creador de Dios, María es la Hija predilecta del Padre. Y había de parecerse lo más posible a Él, como se parecen los hijos a sus padres. Por ello nunca pudo habitar el pecado (que es lo más opuesto a Dios) en el alma santísima de la que siempre es la hija predilecta del Padre.

Madre del Hijo de Dios. El Verbo eterno de Dios que se iba a inmolar como ofrenda purísima en el altar de la cruz, no convenía que tomara carne de otra carne que en algún instante hubiera estado antes poseída por el pecado. Jesús tomó carne de María, habitó en ella y vivió con ella. Y a Jesús, que tenía la infinita santidad de Dios, le agradó el tener en su Madre una morada toda santa, inmaculada y limpia de toda la oscuridad del pecado.

Jesús venía a dar vida al mundo. Por eso las fuentes de la vida de Jesús fueron siempre puras e incontaminadas.

Esposa del Espíritu Santo. El Espíritu de Dios es creador y dador de vida. ¿Cómo se puede pensar como posible que el Espíritu Santo tomase carne y sangre de una mujer pecadora para formar aquel cuerpo perfectísimo, aquella naturaleza que tuvo Cristo Salvador?

Si venía a salvar a la humanidad pecadora, no podemos ni siquiera imaginar que las fuentes donde bebió Cristo no pudieran ser puras y cristalinas tanto cuanto conviene a la divinidad del Señor.

Esta magnificencia y gran pureza de María, el pueblo lo canta en una bella copla:

> *Eres hija del eterno Padre.*
> *Madre de su Hijo, luz de la Verdad;*
> *desposada con el más fino amante*
> *tercera persona de la Trinidad.*
> *Tan grande lugar*
> *sólo a ti corresponde, Señora,*
> *por tu gran pureza, profunda humildad[3].*

Felicita a la Señora. Glorifica al Señor. Y busca esforzadamente la limpieza más exquisita en ese corazón tuyo que el Señor quiere siempre poseer y habitar como tabernáculo.

La Inmaculada «grande» (1650)
Bartolomé Esteban Murillo (1618-1682)
Museo de Bellas Artes (Sevilla)

5. Nacimiento e infancia de María

¡Cuánto nos alegraría conocer el año y el lugar del nacimiento de María! Mas, fuera del evangelio, apenas si tenemos datos históricos sobre María, la Madre de Jesús. De su nacimiento e infancia sólo podemos hablar por conjeturas. Únicamente los apócrifos dicen cosas bellas sobre la infancia de María. Pero todo ello no es ni científico ni bíblico. Lucas narra la anunciación, pero nada dice de la infancia. San Pablo, entre todas sus cartas, solamente en una hace alusión a María: «Nacido de una mujer» (Gál 4,4). ¿Por qué no mencionó el nombre de María y no nos dijo algo más de la madre de Jesús? Nos hubiera gustado tanto...

Lugar de nacimiento. Parece ser que nació en Nazaret. En cambio, las tradiciones más antiguas de oriente nos dicen que María nació en Jerusalén, cerca del templo donde actualmente se encuentra la basílica de Santa Ana.

¿Cuándo nació María? Sabemos que en Israel las muchachas se casaban muy jóvenes. Cuando nació Jesús, María tendría alrededor de quince años, por lo que el bimilenario del nacimiento de María ya ha sido celebrado. A él hizo alusión el Papa en 1985.

Los padres de María. Nada comenta la Biblia de sus padres. Sólo una tradición, que arranca del siglo II, nos dice que los padres de María se llamaban Joaquín y Ana. Con esos nombres hoy los celebra la Iglesia y el pueblo cristiano.

El nombre de María. Los filólogos y estudiosos han dado muchas interpretaciones al nombre de María. Lucas llama a la Virgen en lengua hebrea *Maryam*. Su traducción más adecuada sería *mar amargo* (los israelitas tenían costumbre de poner a sus hijos el nombre que mejor expresase los vaivenes y características de la propia época, y en tiempo de Jesús había mucha amargura debido a la pobreza y la esclavitud y opresión bajo el yugo romano). Otros dicen que el nombre de María significa *lugar alto donde Dios habita;* y Cabodevilla llama a María *manantial de poesía.*

Sólo los poetas han suplido, con su fervor lírico, el silencio que de la infancia de María hacen los evangelios y toda la Escritura. Así, Lope de Vega canta a María:

> *Canten hoy pues nacéis Vos,*
> *los ángeles, gran Señora,*
> *y ensáyense desde ahora*
> *para cuando nazca Dios[4].*

Alégrate y dale gracias a Dios y a la Señora, pues María nos trajo innumerables bienes en Jesús, fueran las que fueran las circunstancias de su infancia.

El nacimiento de la Virgen (1603)
Juan Pantoja de la Cruz (1553-1608)
Museo del Prado (Madrid)

6. Presentación de María en el Templo

$\mathscr{D}$esde el nacimiento de María hasta su desposorio con José, nada sabemos de nuestra Señora. Los poetas y los evangelios apócrifos han tratado de rellenar esos largos espacios de silencio bíblico con narraciones y detalles llenos de sentimientos religiosos acerca de lo que pudo ser su vida.

La Iglesia, desde tiempos muy remotos, celebra la fiesta litúrgica de la Presentación de María en el Templo el día 21 de noviembre.

Probablemente, la infancia y adolescencia de María tuvieron que ser —al menos en lo más profundo del corazón y de la vida— algo diferentes a las de otras doncellas de Nazaret. Dicen los evangelios apócrifos que sus padres, para cumplir el voto que habían hecho, presentaron a María en el Templo. Este hecho, lleno de contenido espiritual, es reflejado en muchas obras de pintura y en la literatura cristiana. Lope de Vega canta esto mismo lleno de fe y sentimiento poético:

> *Cuéntanme que al templo*
> *fuisteis, niña hermosa,*
> *cuyas quince gradas*
> *subisteis sola:*
>
> *que en él ofreciste,*
> *para tanta gloria,*
> *casta vida y alma,*
> *palabras y obras*[5].

Prontitud en seguir la vocación de Dios. El presbítero Ildefonso Rodríguez Villar, aparte de decir con más piedad que verosimilitud (como gran devoto de la Virgen) que María hizo su voto de virginidad a los tres años, hace una bella reflexión:

«Contempla a la Virgen niña, de edad de tres años, desprenderse de sus padres, subir corriendo las gradas del Templo, sin volver siquiera la vista hacia atrás y ofrecerse al servicio de Dios en el Santuario. ¡Qué prisa se da la Virgen por consagrarse al Señor! No repara en su tierna edad, en que aún son tan necesarios los cuidados de un padre y sobre todo de una madre. No piensa en el dolor que va a causar a sus padres... Ella ha oído la voz de Dios e inmediatamente corre a seguirla ¡cuanto antes mejor! ¡Qué lección de fervor nos da esta Niña!

Compárate con Ella y mira si así sirves tú al Señor. ¿Qué haces con las inspiraciones y llamamientos de Dios?... ¿Los sigues con esa prontitud?... ¡Cuándo llegaremos a este desprendimiento de todo..., hasta de nosotros mismos..., de nuestro modo de ver las cosas..., de nuestro propio parecer..., para obrar sólo como Dios quiere!...[6]».

Presentación de la Virgen en el Templo
Juan de Sevilla (1643-1695)
Museo del Prado (Madrid)

7. Desposorios de María y José

$\mathcal{E}$s un tema difícil de racionalizar. Las fuentes bíblicas nos hablan de un verdadero desposorio de María y José. Los pintores han manifestado sus creencias con los primorosos colores de sus pinturas. Los poetas lo han expresado en bellos y sugerentes poemas. Pérez Lozano expresa así los sentimientos de José:

> *La amaste sólo al verla. En la fuente quizás.*
> *Y cumpliste las formas del antiguo ritual;*
> *¿la pediste a sus padres, la fuiste a rondar?*
> *¡Alfil en el tablero, que es Dios quien va a jugar!*[7].

La teología resuelve en favor del matrimonio auténtico de María y José. Cómo eran las costumbres de los noviazgos y la celebración de las bodas en Israel en aquellos tiempos, si María hizo voto de virginidad y cuándo lo hizo y otros muchos interrogantes, son cuestiones que se pueden ver en diversos tratados de mariología.

Santo Tomás nos da varias razones de conveniencia sobre el hecho de que Cristo naciera de una mujer *desposada*:

1. Para que sus compaisanos y los infieles no tuvieran ningún fundamento para rechazar a Cristo y su predicación por el supuesto de que pareciera ser aparentemente ilegítimo al ser hijo de soltera.
2. Para liberarla a María de la pena judía de lapidación y defenderla de toda infamia.

En María, Virgen y Madre, son honrados a la vez el matrimonio y la virginidad, y es simbolizada la Iglesia, que también —como María— es Virgen y esposa fecunda.

Muchos pintores, por influencia de los evangelios apócrifos, han representado a san José como un anciano de más de ochenta años; por eso aparece tan viejo san José en muchos nacimientos. Esta idea tuvo gran éxito durante varios siglos en la iconografía del santo. Mas esto no parece lo más razonable, puesto que produciría un efecto de opinión distinta a lo que se proponían. El gran teólogo Francisco Suárez dice lo contrario, al afirmar que «fue preciso que José (cuando se desposó con María) estuviese en edad idónea para engendrar, pues de lo contrario la fama y la estima de la Virgen no se hubiera podido conservar ilesa bajo su sombra». Así, Rafael representa a san José en los desposorios con una bella y joven figura varonil.

Contempla la obediencia y docilidad de María y su permanente dejarse guiar por el Espíritu.

Los desposorios de la Virgen
GERARD SEGHERS (1591-1651)
Santa María de Mediavilla (Medina de Rioseco, Valladolid)

8. José, esposo de María

«Y Jacob engendró a José, el esposo de María, de la cual nació Jesús, llamado Cristo» (Mt 1,16).

Bueno es dedicarle un tiempo de relato a José, esposo de María. Con ello se entenderá mejor a María y quedará mejor enmarcada la Sagrada Familia.

Lo normal es que en la genealogía del evangelista Mateo se hubiera llegado a desembocar en Jesús a través de José. Podría haberse dicho: «José engendró a Jesús de María». Pero no es así. Según el esquema genealógico de Mateo, la historia del pueblo judío o línea de generaciones, protagonizada siempre por los varones excepto en cinco ocasiones, termina no en José (de la familia de David) sino en María (Mt 1,16).

José, «hombre justo», tiene una gran misión que realizar. Es llamado providencialmente a hacer los oficios de padre de Jesús y esposo de María. Se trata de asumir una relación familiar humana, afectiva, personal y vital. No se trataba sólo de salvaguardar la maternidad divina y su virginidad, para que Jesús no apareciera como hijo de soltera y fuera rechazado en la vida pública al anunciar el reino de Dios. Era mucho más que ejercer una misión exterior de salvaguarda meramente jurídica.

¿Qué hubiera sido de aquella santa familia sin la vida del hombre justo, José, a su lado? El misterio de Dios en María tiene su soporte, cobijo y libertad de acción en ese hombre providente, el hombre justo, que vivió para Jesús y María con continua solicitud y entrega. Y María lo amó con el amor más santo con que se puede amar a un esposo.

El poeta Valdivielso pone en boca de María una respuesta a los ofrecimientos de José:

Y puesto que sois Josef mi caro esposo,   columna de mi honor, asilo hermoso...
de la virginidad ejemplo raro,   seré una sierva vuestra, indigna esposa
de la fe y caridad templo glorioso,   que a vuestro gran valor sirva, cual debe,
de equidad y justicia espejo claro,   imitaré vuestra virtud preciosa[8].

En el mandamiento cristiano del amor se da el *amar* y el ser *amado*. María no sólo amó a Dios con todo su corazón, sino que también se dejó querer por Dios, que la rodeó de tantas providencias y le regaló un esposo que la cuidó y la amó castamente. ¿Desarrollas tú la capacidad del amor en su doble dimensión de amar y dejarte querer? Mira también en san José un altísimo modelo de amor y humilde servicio a Jesús y María.

San José y el Niño (1690)
Esteban Márquez (1652-1696)
Museo de Bellas Artes (Sevilla)

9. La virginidad de María y su perfecta castidad

$\mathcal{L}$a blancura de la nieve incontaminada, la belleza del lirio y la azucena y mil bellezas más de la creación no son más que un débil símbolo y un pálido reflejo de la castidad virginal de María. Ella eligió libremente la virginidad y vivió en el grado más excelente la castidad virginal.

La castidad es de obligado cumplimiento en cualquier estado de vida que se elija. Para cumplir el sexto precepto del Señor, uno ha de ser casto en pensamientos, deseos y acciones. En cambio, la virginidad es de elección libre y espontánea y la abraza solamente el que así lo quiere.

¿Cuándo asumió María la decisión de permanecer virgen de por vida? ¿En la primera infancia, tal como nos lo presentan algunos libros piadosos, o acaso cuando se vio fecundada por la encarnación del Hijo? Cuando María se vio Madre de Dios, entonces tomó la decisión de la virginidad al ver las razones tan poderosas que tenía para permanecer Madre Virgen, y así dedicarse más plenamente a hacer posible, con su acción educadora, el plan de salvación, identificada con su propio hijo, el Salvador del mundo. Su virginidad la ha liberado de obstáculos para vivir, en una dedicación más plena a su Hijo, un altísimo grado de amor a Dios y la caridad más ardiente y perfecta con relación al prójimo.

María es virgen no por necesidad o por rechazo de la fecundidad sexual, sino por la sobreabundancia de la gracia del Espíritu Santo.

Los dones de la virginidad, el celibato y la castidad tienen su única razón de ser en una consagración más radical al amor de Dios y en un ejercicio más profundo de la caridad con el prójimo. Solamente así (en razón de más abundar en la caridad) se hace fecunda la virginidad y el celibato.

Dios da esos dones —virginidad, celibato y castidad— a los que con humildad y constancia se los piden al Señor, de quien procede todo don perfecto. Y especialmente, Dios los concede cuando con ellos *el hombre se libera de obstáculos* para mejor consagrarse al amor de los pobres y de los sufrientes de este mundo.

Mira a María e invócala como estrella de luz para que la Virgen Madre te conceda esas virtudes de pureza y castidad, las cuales, informadas por la caridad, hacen tan fecunda la vida del creyente.

La Concepción de «El Escorial» (1660-1665)
Bartolomé Esteban Murillo (1618-1682)
Museo del Prado (Madrid)

10. La virginidad de María

La virginidad es un estado en el que la persona permanece sin ejercer su actividad y afectividad sexual. Si lo hace por el reino de Dios o por otra causa altruista, decimos que ha *sublimado* su sexualidad dirigiendo su actividad a otros objetos y fines que no son propios de la sexualidad. Los instintos sexuales son sublimados («hay quienes son vírgenes por el reino de los cielos», Mt 19,12).

La virginidad se ha comparado al *martirio*[9]. Si en el martirio se entrega la vida entera por Cristo, en la virginidad se entrega por amor a Cristo y a los hermanos la muerte de por vida de esa importante dimensión que se da en el ser humano, y que es la dimensión de sexualidad, afectividad y familia.

En la virginidad no sólo se da ausencia de relaciones sexuales y de vida de pareja, sino que también se da abandono de familia y de parentescos carnales. En este sentido es como un despojarse, hacerse más pobre, asemejándose a aquellos que se ven obligados a vivir solos, sin familia, porque no la han podido construir o porque un día la perdieron. Si bien muchos célibes y vírgenes adquieren otra familia o comunidad de hermanos en la fe, con otra clase de relaciones y afectividades que no se fundan ni en la carne y sangre o en afectos o simpatías puramente humanas y carnales.

En esta época posmoderna de *culto al cuerpo* y de libertades para todos los instintos, no es la virginidad especialmente atractiva. Pero acaso nunca más necesaria que en este tiempo de hedonismo y de la tristeza que deja el haber experimentado *todo*. Tampoco era muy estimada en tiempo de la Virgen María. Sin embargo, al encarnarse Dios, escogió una madre virgen. La concepción virginal de Jesús parece haber perdido importancia tanto en la teología cuanto en la vida moderna actual. Hoy está sufriendo no pocos ataques.

La fe en la virginidad perpetua de María tiene su explicitación en la definición del Concilio Lateranense del año 649 en su canon III:

> *Como cristianos y fieles a la fe de la Iglesia creemos que María:*
> *es virgen antes del nacimiento de Cristo,*
> *es virgen en la generación de Cristo,*
> *es virgen después de la generación de Cristo,*
> *es virgen en el nacimiento de Cristo y*
> *es virgen después del nacimiento de Cristo.*

La virginidad y la castidad, vividas en la humildad y la caridad, son una gran victoria.

Inmaculada Concepción
José Antolínez (1635-1675)
Museo del Prado (Madrid)

11. El voto de virginidad de María

$\mathcal{E}$l texto bíblico (Lc 1,27) no ofrece garantías definitivas en pro o en contra de que María formulase en su corazón, antes de la encarnación, el voto o el propósito de permanecer virgen de por vida. Es san Agustín el que dice: «Fue María la que consagró a Dios su virginidad cuando aún no sabía que había de concebir» (Tratado *De la santa virginidad* y *Sermón 291)*. Hacia el año 400 explica así el texto de Lc 1,34: «Ya antes de ser concebido, quiso escogerse para nacer una virgen consagrada a Dios, como lo indican las palabras con las cuales María respondió al ángel que le anunciaba su inminente maternidad: "¿Cómo podrá acontecer tal cosa —dijo— si yo no conozco varón?". Ciertamente no se habría expresado de este modo si antes no hubiese consagrado a Dios su virginidad. Ella se había desposado (prometido en matrimonio) porque la virginidad no había entrado todavía en las costumbres de los judíos; pero había escogido un hombre justo, que no recurriría a la violencia para quitarle cuanto había prometido con voto a Dios, y que incluso la protegería contra toda violencia...» *(Sermón 225).*

San Agustín también afirma que «María concibió a Cristo antes en su mente que en su vientre». Y añade: «Es pues más dichosa María acogiendo la fe de Cristo que concibiendo la carne de Cristo». Así, tenemos un elemento fundamental de la personalidad creyente de María: la fe íntegra a la que corresponde la integridad corporal.

San León Magno tiene bellísimos textos sobre la virginidad de María. Dice: «La expresión Virgen-Madre es criterio de verdad de la misma realidad humana y divina de Cristo: verdadero hombre en cuanto nacido de una verdadera mujer, y verdadero Dios en cuanto nacido (sobrenaturalmente) de una virgen»[10].

Como enseñanza y conclusión diremos que:

a) María, en su virginidad, nos recuerda a todos los creyentes que la virginidad, la castidad, la pureza y el celibato son liberación del deseo sexual que hace del amor verdadera dependencia, pero nunca la virginidad puede expresar renuncia al amor, sino todo lo contrario, la vivencia sublimada de un amor más pleno.

b) La virginidad de María —y de todos los vírgenes y castos del mundo— es un carisma que recuerda a todos que no deben ceder a ninguna forma de humanismo y materialismo idolátrico, pues el supremo bien del hombre es Dios, el único Señor del hombre.

Inmaculada Concepción
Claudio Coello (1642-1693)
Iglesia de San Jerónimo el Real (Madrid)

12. La anunciación: el pasaje bíblico y el sueño de los siglos

«El ángel, entrando en su presencia, dijo: "Alégrate, llena de gracia, el Señor está contigo". Ella se turbó ante estas palabras y se preguntaba qué saludo era aquel. El ángel le dijo: "No temas, María, porque has encontrado gracia ante Dios. Concebirás en tu vientre y darás a luz un hijo, y le pondrás por nombre Jesús. Será grande, se llamará Hijo del Altísimo; el Señor Dios le dará el trono de David, su padre, reinará sobre la casa de Jacob para siempre y su reino no tendrá fin". Y María dijo al ángel: "¿Cómo será eso, pues no conozco varón?". El ángel le contestó: "El Espíritu Santo vendrá sobre ti y la fuerza del Altísimo te cubrirá con su sombra; por eso el Santo que va a nacer se llamará Hijo de Dios. Ahí tienes a tu pariente Isabel, que, a pesar de su vejez, ha concebido un hijo, y ya está de seis meses la que llamaban estéril, porque para Dios nada hay imposible". María contestó: "Aquí está la esclava del Señor, hágase en mí según tu palabra". Y la dejó el ángel» (Lc 1,28-38).

Dejo esta narración a la mirada y contemplación de cada uno, y yo mismo quiero acallar mi pobre palabra, pues:

— Es uno de los diálogos más bellos de toda la Sagrada Escritura.
— Dios habla con la mujer más santa y más prodigiosa de toda la historia.
— Dios trae una Palabra de salvación y María dice un «sí» de acogida.
— Dios quiere venir a los suyos y María le prepara una digna morada.
— El Espíritu Santo la cubre con su sombra y María le da su carne y acoge con todo su corazón al Hijo del Altísimo.
— En el seno de María (en la anunciación) comienza el Nuevo Testamento o la Nueva Alianza de Dios con el hombre.
— En este diálogo sucede el momento más solemne del tiempo y la eternidad.
— Toda la creación, que ha sido preparada para este acontecimiento, ha sido renovada sustancialmente en el gran momento de la encarnación.
— En la encarnación, Dios se ha hecho cercanía, misericordia y salvación para el hombre.

Adora estremecido el inefable amor de Dios al hombre, cuyo misterio se realiza en el seno entrañable de una joven madre, María.

La Anunciación (1634-1636)
Juan del Castillo (1590-1657)
Museo de Bellas Artes (Sevilla)

13. La anunciación siembra la salvación en la historia

En los grandes pintores y artistas, la escena de la Anunciación motivó —no sin gran sentido teológico— innumerables cuadros representando el hecho más esperanzador para la humanidad y en el que María, doncella de Nazaret, quedó constituida Madre de Dios.

Una muchacha virgen, probablemente de quince o dieciséis años, está orando en su casa de Nazaret. Sucede una visita inesperada. La presencia de un ángel que le saluda con lindas alabanzas a María y le anuncia un mensaje del todo singular.

Le dice: *«Alégrate*
                llena de gracia
                el Señor está contigo...
                No temas,
                concebirás en tu seno
                al Hijo del Altísimo» (Lc 1,26-38).

María se turba ante tales elogios y se pone a pensar el contenido de un anuncio tan inefable. El ángel le aclara y le desvela el hecho misterioso: va a ser Madre de Dios.

La Virgen, como todo buen israelita, conoce las profecías, y entre ellas la de Isaías (7,14), que habla de que una virgen iba a concebir y dar a luz un hijo al que pondría por nombre Jesús. Admite lo que le dice el ángel, pero se pregunta cómo podría ser esto si no conocía varón. Para ponerse a entera disposición necesitaba una aclaración sobre un hecho que nunca había sucedido y que sólo una vez en la historia iba a suceder: que una virgen concibiera a un Hijo de Dios y sin concurso de varón.

El ángel le dijo: no será por obra de varón, sino que el Espíritu Santo te cubrirá con su sombra y así concebirás al Hijo de las promesas y al deseado de las Naciones. Le da una señal: tu prima, de avanzada edad y estéril, ya está del sexto mes. Era más que suficiente la aclaración y el signo que se le había dado.

Dijo María: «Hágase...». Y comenzó en ese instante a ser Madre de Dios. Dio su adhesión irrevocable y se consagró de por vida al plan anunciado y aclarado.

Mira a María e imítala en su prudencia, su docilidad y su consagración total a Dios. El Señor hará verdaderas maravillas en ti si te ve dócil en seguir los planes del Señor.

La Anunciación (1596-1600)
El Greco (Domenico Theotocopoli, 1541/1542-1614)
Museo del Prado (Madrid)

14. Los poetas cantan la anunciación

ejemos que los artistas de la palabra y de los pinceles expresen algo de lo que la *anunciación* es y representa para todos los hombres. En el proyecto salvífico de Dios, María la madre del Redentor es la Madre del Hijo y de los hijos de la salvación, y por ello está tan cerca de Dios y ocupa en la creación el lugar más excelso y el puesto singular e irrepetible que cantan nuestros poetas. Lope de Vega canta así a nuestra Señora:

> *Pensando estaba María*
> *en alta contemplación*
> *quién había de ser madre*
> *del Hijo eterno de Dios.*
>
> *De los sagrados profetas,*
> *de la soberana lección*
> *le había puesto el deseo*
> *que el alma le suspendió.*

> *Leyó que una virgen santa,*
> *y sin obra de varón,*
> *un hijo concebiría,*
> *siendo ella cristal y él sol.*
>
> *«¡Felicísima doncella!»,*
> *le dice llena de amor,*
> *porque entonces no sabía*
> *que por ella se escribió[11].*

López de Úbeda canta el gran misterio del amor de Dios a María:

> *Tres personas soberanas*
> *pretenden una doncella,*
> *ved cuál casara con ella.*
> *Hija la llama Dios Padre*
> *en esta cuestión reposa,*

> *el Hijo la llama madre*
> *el santo Espíritu esposa,*
> *en cuestión tan amorosa*
> *que tienen de esta doncella*
> *ved cuál casara con ella[12].*

En otra copla cantan los «Aurosos»:

> *Dios y hombre tienes en tu vientre*
> *Dios y hombre por hijo tendrás;*
> *eres hija del eterno Padre,*
> *eres templo santo de la Trinidad[13].*

La Anunciación
Luca Giordano (1634-1705)
Palacio Arzobispal (Madrid)

15. Un descubrimiento gozoso

Confieso que, conforme iba meditando y reflexionando sobre los textos marianos, mi vida iba cambiando con relación a María. Se iba desvelando algo de lo que es el misterio inefable de María.

La Virgen iba apareciendo *llena de limpia hermosura,* como dice un prefacio de la liturgia de María. La oscuridad y las densas tinieblas del desconocimiento y poco amor a María se iban disipando, y cada vez se iba haciendo una luz más ardiente en mi corazón, que quedaba deslumbrado ante tanta armonía y belleza, tanta sencillez, tanta transparencia, tanta ternura.

María es un inacabable e inefable misterio, y por eso, ya desde ahora, desde antes y para siempre, escojo a María como Madre y hermana, como maestra y modelo sin igual para mi vida de fe. Veo en María más de lo que ahora puedo decir. Ella es:

—la Virgen fiel;
—la *llena de gracia* y de todos los primores;
—la Señora de mi plegaria;
—la solución de mi existencia;
—la *omnipotencia suplicante;*
—la dueña de mi vida y segura valedora en mi muerte;
—el ideal de mujer y de hombre;
—la incorrupta;
—la singular;
—la sencillez en la más honda simplicidad;
—la nueva creación;
—la transparencia espiritual;
—la que mejor explica y refleja a Dios;
—la más dulce y entrañable misericordia;
—la generosidad sin límites;
—la obediente y humilde;
—la siempre compasiva;
—la entrega sin condiciones;
—la mujer fuerte que aguanta la muerte de un hijo y la muerte de su Dios;
—la más firme esperanza de todos los siglos;
—paladín de la libertad;
—fuente de inocencia y de toda santidad;
—modelo de lo que la Iglesia está llamada a ser;
—el don más alto de Dios después de Cristo.

La Anunciación (1668)
Bartolomé Esteban Murillo (1618-1682)
Museo de Bellas Artes (Sevilla)

16. El silencio de María

«María meditaba todo en su corazón» (Lc 2,19.51).

El silencio y la soledad es estilo de Dios. Dios se comunica y se revela en el silencio del corazón. A los profetas los llama a los desiertos, a los santos les habla en la soledad y a los apóstoles les dice: «Venid a un lugar retirado y descansad un poco...» (Mc 6,31).

Por eso el misterio de la revelación más asombrosa de su Palabra había de hacerse en el silencio de la creación, como dice el libro de la Sabiduría (18,14-15): «Un silencio sereno lo envolvía todo, y al mediar la noche su carrera, tu Palabra todopoderosa se abalanzó, como paladín inexorable, desde el trono real de los cielos al país condenado...».

El silencio también es estilo de María. La comunicación o revelación más importante de todos los siglos se hizo en el cerrado silencio del corazón de una silenciosa y humildísima doncella.

María, según la costumbre judía, probablemente estaba viviendo en la casa de los padres de su esposo José cuando sucedió el gran misterio de la encarnación, acontecimiento que produjo en ella sentimientos diversos. Por una parte, grávida en su vientre y llena de mil gozos al ser visitada por el Espíritu Santo, se sintió encendida en mil ardientes afectos y estremecida ante tanto don y gracia. Por otra parte, como mujer desposada, conocería el texto del Deuteronomio (22,24) en el que Moisés dice que hay que dar muerte a las mujeres adúlteras.

Ella, aparentemente, se encontraba en esa situación. Además percibiría las mal intencionadas miradas y comentarios de los vecinos de su pueblo («¿cómo es posible que María...?», «¿quién será el padre...?»). También padecía por el sufrimiento que su silencio estaba acarreando a su santo esposo. Con todo, optó por un silencio radical. No se lo dijo a su esposo, ni a los padres de su esposo, ni a sus propios padres, Joaquín y Ana, ni a nadie. ¿Para qué se lo iba a decir? ¡No la iban a entender...! Otra mujer sin la santidad y madurez de María hubiera contado todo, pero ella no. Se arrojó en los brazos del Padre y, confiándose plenamente a Él, optó por guardar radicalmente el secreto de su virginal embarazo.

Asombra el silencio de María, y no sólo el de sus palabras y sus bien guardados sentimientos sino, más aún, el de su inalterable paz e inmutable serenidad.

Aprendamos todos de María la soberana lección del silencio, tan necesario en la relación con los demás y para dar pasos serios en la vida de santificación.

La Anunciación
Daniel da Volterra (1509-1566)
Museo del Prado (Madrid)

17. Don infinito de Dios
a través de la maternidad divina

La más grande donación que existe es la que Dios hizo a la naturaleza humana de Cristo Jesús. San Agustín lo expresa así hablando de la predestinación: «¿Con qué méritos anteriores, ya de obras, ya de fe, pudo contar la naturaleza humana que en Cristo reside? Aquella naturaleza humana que en unidad de persona fue asumida por el Verbo..., ¿cómo mereció llegar a ser Hijo Unigénito de Dios? ¿No fue acaso por la virtud (donación) del mismo Verbo por lo que aquella humanidad, en cuanto empezó a existir, empezó a ser Hijo único de Dios?» *(Sobre la predestinación de los elegidos,* c. 15, 30 31).

Bien podemos denominar este misterio con el nombre de Encarnación del Señor en vez de Anunciación. Es Dios el que se da y la naturaleza humana de Cristo la que recibe y es agraciada con ese don infinito de la segunda persona de la Santísima Trinidad. Y todo sucede en lo secreto de la mente y del vientre de María. Y ese don infinito por el que Dios se hace hombre en Cristo fue acompañado del don único y excelso de hacer a una mujer, María, verdadera Madre suya. No cabe don más alto ni demostración de amor más grande. Y todo por amor y por la salvación del hombre. Dice santo Tomás de Aquino que Dios no pudo hacer un don más alto que darse a sí mismo. Primero se dio a la naturaleza humana de Cristo, y luego a todos los hombres.

¿Y cómo es este don, o mejor, la belleza de este don? Es el mismo san Agustín el que escribió sobre Cristo un verdadero florilegio de alabanzas: «Hermoso es el Verbo de Dios; hermoso en el seno de la Virgen, donde no perdió la divinidad y tomó la humanidad: hermoso nacido niño el Verbo, porque aún pequeño, mamando y llevado en brazos, hablaron los cielos, le tributaron alabanzas los ángeles, fue adorado en el pesebre y en todo tiempo fue alimento de los pacíficos. Es hermoso en el cielo, hermoso en la tierra, hermoso en los brazos de sus padres, hermoso en los milagros, hermoso en los azotes, hermoso invitando a la vida, hermoso no preocupándose por la muerte; hermoso dando la vida, hermoso tomándola; hermoso en la cruz, hermoso en el sepulcro y hermoso en el cielo» *(Enarr. in Ps.* 44,3).

Belleza de la maternidad divina de María

En la Virgen con tal arte
usó Dios de su primor,
que lo más en lo menor
y el todo encerró en la parte

y grandeza como aquella
hoy muestra lo que encubría
y nace Dios de María
quedando Madre y doncella[14].

La Anunciación
JUAN CORREA DE VIVAR (1500-1566)
Museo del Prado (Madrid)

18. La vocación

La escena que nos narra Lucas está orientada para recabar de María una respuesta, un «acepto» o un «sí» a algo que se le proponía. Por eso, más que escena de la anunciación de María, se debería llamar *vocación de María*, pues la estructura del pasaje, es una llamada o vocación que está esperando una respuesta, el «sí» a la propuesta de ser madre del Señor.

La palabra *vocación* viene del verbo latino *voco*, que significa llamar o destinar a la realidad de la existencia, o a una forma o estado de vida cualquiera.

La vocación no existe en abstracto sino en concreto. Dios es el que llama y el hombre es el que responde. El término vocación no lo queremos entender aquí en sentido restringido (como se entendía hace unos años, refiriéndose a la vocación religiosa). A todas las demás vocaciones se les llamaba entonces profesiones. Está claro que el carácter sagrado o profano no es constitutivo de vocación.

Dios es el que llama. Sólo Dios puede arrogarse el proponer al hombre un *destino* (o la llamada a la existencia, la cual es verdadera vocación) que afecte sustancialmente a toda su vida. Pero suele llamar a través de unas mediaciones, que son como voces o caminos de Dios.

El hombre es el que responde, prestando su vida con entera disponibilidad a la llamada. Esta disponibilidad y cooperación ha de realizarse no sólo en la decisión primera, sino durante toda la vida y en opciones parciales permanentes.

El hombre —por su debilidad en el saber y en el querer—, necesita discernir y ser acompañado en el discernimiento por otros hombres a la hora de elegir su vocación o forma de vida, y a la hora de ir realizando esa vocación. Y necesita sobre todo de la gracia. Pues la inteligencia ve con claridad lo que debe hacer; pero la voluntad es débil para cumplir lo que tiene que hacer.

María eligió la virginidad y Dios le propuso la maternidad. Queda claro que Dios es el que llama y el hombre el que da o no da respuesta a esa llamada. María vivió en su vida no lo que ella se propuso en principio, sino lo que Dios quiso de ella. Aprende de María a vivir como ella: siempre abierto y disponible al querer de Dios.

La Anunciación
LUIS DE MORALES «El Divino» (c. 1500-1586)
Museo del Prado (Madrid)

19. Dios llama a través de unas mediaciones

Sólo Dios puede arrogarse y atribuirse el proponer al hombre un *destino* que afecte sustancialmente a toda su vida. Dios llama a través de unas mediaciones (el despertar de esa llamada puede ser un acontecimiento doloroso, un buen ejemplo, una luz especial que afecte profundamente la visión de la existencia, una predicación, una lectura, la charla con un amigo...).

En María, para ser madre de Dios, tuvieron que concurrir un sinnúmero de circunstancias, una historia, unos ambientes en los que María se desenvolvía. Ponemos a continuación lo que llamamos *signos* o caminos de vocación:

1) *La voz de la sangre*. Es la tendencia instintiva, el deseo más íntimo y las cualidades (posibilidades) o realidad personal, que están reclamando y empujando a la persona hacia un determinado modo de ser, de pensar y actuar; en definitiva, hacia una concreta forma de vida (un futbolista, un actor, un cantante...). Normalmente es la base de toda vocación. Cualquier propuesta a un género de vida que choque frontalmente con los deseos más íntimos es, probablemente, falsa alarma, pues deja de ser la voz amiga, instintiva, persuasiva e invitante. A los padres y educadores habría que aconsejarles que educasen u orientasen a sus hijos no según lo que a ellos les gusta, sino examinando con todo esmero cuál es la llamada de la sangre de sus hijos o educandos.

2) *El ambiente*. Por *ambiente* entendemos las relaciones personales que frecuenta el hombre, sobre todo en la familia, en la escuela y entre sus amistades. Pero el ambiente suele tener un coro de voces que nos solicitan a distintas profesiones o vocaciones que *no van* con nosotros. Siempre es *difícil* discernir en un coro de voces la voz que nos indica la vocación que conviene. Para ello es necesario la orientación vocacional y profesional. La orientación de la vocación tratará de asociar a cada persona a la política, la religión, el arte, según las llamadas instintivas más profundas y según las cualidades que hacen inclinar a la persona más determinadamente a una vocación que a otra.

3) *La historia*. Nos estamos refiriendo a los *gozos y esperanzas* de los hombres, esto es, a la concreta situación histórica que reclama una determinada vocación. Moisés es llamado para liberar a su pueblo porque el clamor de injusticia había llegado hasta Yavé (Éx 5,9-10). Hoy tradúzcase por diversas ONGs, sacerdotes en áreas católicas con gran necesidad, etc.

En María concurrieron unas determinadas mediaciones o signos de vocación. ¿Te has parado a pensar alguna vez cuáles son las que el Señor ha puesto en tu vida para que disciernas a lo que Dios te llama?

La Anunciación
ANTONIO DE PEREDA (c. 1500-1586)
Museo del Prado (Madrid)

20. La llamada a la existencia

La existencia es presupuesto de todas las demás vocaciones. Dios habla con la realidad de nuestro ser creatural. Dios nos amó primero (desde toda la eternidad) y luego nos creó. Pues el amor de Dios no es dependiente y no es necesario que exista antes la creatura para ser amada por Dios. El amor de Dios es creador: primero ama y luego crea. La creación es una llamada absolutamente *gratuita, misteriosa y personal*. Podemos decir con toda propiedad: «Existo, luego Dios me ama». También dice la Biblia que «Dios no nos habría creado si antes no nos hubiera amado».

Un día se acercó a mí una persona un poco tímida y me dijo: «A mí nadie me quiere». «No es verdad —le dije—, Dios te ha amado desde toda la eternidad y ha empleado toda su sabiduría, omnipotencia y amor para que tengas esta existencia y puedas, por tanto, decirme lo que me estás diciendo ahora. —Le añadí—: Dios te ha querido, te quiere y te querrá».

Dice el Salmo 39: «Tú has creado mis entrañas, me has tejido en el seno materno./ Te doy gracias porque me has escogido portentosamente».

María y su llamada a la existencia. Si Dios creó con amor todos los seres, ¡con qué amor amaría a su Madre desde toda la eternidad, y cuántos dones y cuánta hermosura pondría en su existencia!

Hay un texto precioso en el libro de los Proverbios (Prov 8,22), y que la Tradición y hasta la liturgia de la Iglesia se lo han aplicado a María. Dice así:

> *El Señor me estableció al principio de tus tareas...*
> *antes de comenzar la tierra.*
> *Yo era su encanto cotidiano*
> *todo el tiempo jugaba en su presencia.*

Respuesta de María a esta llamada existencial de Dios. María respondió con un «sí» a cooperar en los designios de Dios con intensidad, con entrega absoluta y con un amor y obediencia sin igual.

Tu respuesta a la llamada a la existencia se realiza:

a) Desarrollando el potencial de fuerzas y posibilidades que Dios ha depositado en tu naturaleza, pues has sido creado, no como un ser estático y acabado, sino *evolutivo* y dinámico, llamado a una plenitud *finita*.

b) Haciéndote *voz* y *canto* de acción de gracias de todas las creaturas. Las cosas cantan la gloria de Dios, pero tú les has de poner el reconocimiento y el *cántico nuevo* de una vida santa.

La Anunciación
León Picardo (1514-1547)
Museo del Prado (Madrid)

21. La vocación cristiana

Somos con nuestro ser natural como un *lienzo en blanco* en el que ha de ser dibujada la imagen de Jesucristo.

La única gran vocación del hombre, según *Gaudium et spes* 19, es la cristiana: «La razón más alta de la dignidad humana consiste en la vocación del hombre a la unión con Dios. Desde su nacimiento el hombre es invitado al diálogo con Dios».

San Pablo dice que las cosas son para el hombre, el hombre para Cristo y Cristo para Dios. Todo hombre ha sido llamado a:

> una vida sobrenatural,
> ser hijo de Dios por Cristo y en Cristo,
> reproducir, en definitiva, la imagen de Jesús.

Respuesta del hombre a esta llamada. El hombre está llamado a reproducir en su vida la imagen viva de Jesús, el *Hombre perfecto.* ¿Cómo?: conformando su existencia a la vida de Jesucristo, del cual el evangelio nos tiene dados los rasgos esenciales, y escogiendo aquellas vocaciones parciales o aquellos estados y formas de vida que sirvan mejor a la vocación *cristiana,* esto es, a reproducir la imagen de Jesús.

La vocación cristiana en María. La cumbre de las creaturas humanas, que es María, ha sido preparada con todo el mimo, la ternura y el poder omnipotente de Dios para ser *cristiana.* Ella es la primera, la perfecta cristiana que concibió a Cristo en su mente antes que en su vientre. La razón de ser de su vida siempre fue Cristo. Tan perfecto como fue formado en sus entrañas, fue dibujado en su corazón. Mil maravillas se podrían decir de todo esto, pero mejor dejarlo a la contemplación de cada uno...

La respuesta cristiana de María. Si san Pablo pudo decir «para mí vivir es Cristo» (Flp 1,21), ¿qué podríamos decir de María? En realidad, la respuesta de María a la vocación cristiana fue el «sí» de la encarnación: el «sí» dado con menos reservas y vivido con la más intensa plenitud durante la vida. Ahora vive María ese «sí» de amor a Cristo y a todos los hombres en la plenitud gloriosa e inefable de los cielos.

La Anunciación
Francisco Rizzi de Guevara (1614-1685)
Museo del Prado (Madrid)

22. María y la vocación de maternidad divina

*L*a Virgen María se realizó como *creatura* (como mujer) y como *cristiana* en una forma esencialmente cristiana, su *maternidad divina*.

Toda la vida de María giró alrededor de Cristo; y estuvo tan inmersa en la vida de Jesús que podemos decir no sólo que la vida humana y carnal de su hijo fue hechura de Ella y del Espíritu Santo, sino que también el talante espiritual en muchas dimensiones de la vida de Jesús fue copia y reflejo de la vida espiritual de su Madre. ¡Aprendió tanto Jesús de Ella!

Toda la vida de María, madre de Jesús, fue también de discípula. Tanto escuchó María a Jesús que nadie como ella pudo escuchar hasta los latidos de su corazón.

Aprendió de Jesús que la familia es muy importante, pero que la familia no es lo primero —«¿por qué me buscabais, no sabíais que yo debo ocuparme (primero) de las cosas de mi Padre celestial?» (Lc 2,49); «¿quién es mi madre y quiénes son mis hermanos... sino los que cumplen la voluntad de mi Padre?» (Mt 12,48-50—. Aprendió mil cosas más que siempre guardaba en su corazón y con inmensa solicitud cumplía en su vida.

María realizó tan bien su vocación que se ha convertido en:

- la mujer ideal de todos los siglos,
- la utopía de todo creyente cristiano,
- la esperanza legítima de la humanidad pecadora,
- la reina de toda la creación,
- la traducción más perfecta de lo que Dios es en su amor,
- la madre de los niños, de los viejos y de los jóvenes, de los encarcelados, de los fracasados, de la humanidad herida y doliente de todos los siglos...

¡Oh mar inmenso de dulzura y misericordia! Te pido y te pregunto, como a mi abogada, como a mi señora, como a mi hermana y madre, como a mi amor más seguro:

> *¿Qué sería yo sin ti,*
> *Reina mía?*
> *¿De mí sin ti,*
> *qué sería?*[15].

La Anunciación (1430-1435)
FRA ANGÉLICO (1387-1455)
Museo del Prado (Madrid)

23. La encarnación

La vocación y la profesión. La profesión es algo muy concreto: ser médico, bailarina, policía. La profesión, dentro del arco de profesiones, puede ser variable y temporal. ¡Se cambia tantas veces de profesión! La vocación, en cambio, es algo más permanente, más personal. Surge en torno a un valor o serie de valores (valor es algo que estimo como bueno para mí) que constituyen un *objetivo a alcanzar.* Este objetivo o valor lo absolutizo y todo lo demás lo relativizo. Y alrededor de este valor pongo en movimiento todo lo que soy y todo lo que tengo. Por eso decimos: vive para su negocio, vive para sus hijos, vive para los pobres, vive para la bicicleta (el ciclista). La vocación (que se concreta casi siempre en una profesión o estado de vida) es lo que da *unidad* y sentido a toda una vida, la polariza y la marca en una dirección. Si se quiere tener una coherencia de vida, todo se acepta o se rechaza según que vaya en la misma dirección que el proyecto de vida (vocación o profesión).

¿Cuál es mi dios o valor en torno al cual pongo en movimiento mi vida en una determinada vocación, profesión, estado (célibe, matrimonio, consagrado dedicado al tercer mundo...)?

Mi dios o mi valor preferido es el que pongo por encima de todo lo demás. Es el objetivo alrededor del cual construyo la existencia. Si construyo mi vida alrededor del dinero, del placer, de la fama, del sexo, de mi chico o mi chica..., estoy viviendo para valores o diosecillos con pies de barro.

Si construyo la vida alrededor de Jesús (en misiones, en el tercer mundo, implicado en innumerables vivencias de caridad con los más pobres y desheredados, en hacer de mi hogar una familia cristiana, etc.), entonces he elegido al supremo valor y mi dios es el Dios con mayúscula.

María tuvo una única vocación y profesión. María hizo girar toda su vida alrededor de Jesús, y el vivir su maternidad divina con total dedicación y absoluta entrega fue su única vocación. Jesús es el único valor alrededor del cual hizo girar toda su existencia.

Y tú, si quieres entrar en ese proyecto divino que Dios tiene sobre ti, has de vivir como cristiano y hacer girar toda tu vida y todos tus proyectos en torno a Jesús y María, fidelísimo reflejo de Jesús.

La Anunciación
BARTOLOMÉ ESTEBAN MURILLO (1618-1682)
Museo del Prado (Madrid)

24. El sí de María y su fisonomía espiritual

Al saludar el ángel a María como la «llena de gracia», le pide el consentimiento para la encarnación del Verbo en su seno. Ella responde con el «sí».

Un «sí» que es expresión de una disponibilidad que mantuvo toda su vida abierta al servicio más exquisito de Dios y sus planes de salvación. Un «sí» en el que comprometió todo su ser a la persona y a la misión de su Hijo.

«Al aceptar el mensaje divino —dice el Vaticano II— se convirtió en Madre de Jesús, y al abrazar de todo corazón y sin entorpecimiento de pecado alguno la voluntad salvífica de Dios, se consagró totalmente como esclava del Señor a la persona y a la obra de su Hijo sirviendo con diligencia al misterio de la redención con él y bajo él» (LG 56).

Dios necesitaba que alguien le creyese y le prestase obediencia y se entregara a sus designios de salvación, y eso sucedió en María. «Aquí me tienes —le dijo al Señor— como la entera e irrevocable servidora tuya». Comprometió humildemente toda su existencia en una misión en la que siempre fue fiel, siendo toda entrega y generosidad. Y lo llevó a cabo en múltiples acontecimientos de su vida:

- dedicándose con todo su ser a cuidar al pequeño Jesús en los años de su infancia;
- yendo presurosa a servir a su prima santa Isabel, siendo ello motivo de gran alegría (Lc 1,43-44);
- haciendo en las bodas de Caná una oportuna y discreta plegaria, por lo que Jesús inaugura el servicio de *gracia* para los que comienzan a creer en Cristo por su intervención;
- estando al lado de Cristo en la vida y en la muerte.

Para prepararla a este servicio, Dios la libera del pecado original y la llena de *gracia* desde el primer instante de su concepción.

María no se pega a nada ni a nadie que no sea Jesús, y así queda absolutamente *libre* para comprender la elección misericordiosa de Dios y las exigencias del amor de Dios al que se aprestó a corresponder más allá de todas las exigencias humanas.

¿Es tu vida un «sí» a Dios? Pídele al Señor, por medio de María, esa actitud de servicio humilde que a Él tanto le agrada.

Inmaculada
Bartolomé Esteban Murillo (1618-1682)
Museo del Prado (Madrid)

25. La razón de la devoción a María

La devoción a María no debe ir motivada fundamentalmente por la esperanza de protección, los favores y gracias que María pudiera dispensarnos, sino por el *agradecimiento* encendido que le debemos tener porque a través de ella y del «sí» incondicional que dio al Señor (y que la comprometió de por vida), tuvimos al Dios que se hizo hombre en ella y por ella, para nuestra salvación. Por la humilde adhesión manifestada en el «hágase», llegó hasta nosotros la salvación. Después de Dios es a María a quien hay que agradecer, con todo el corazón y con todas las fuerzas, el infinito don de Dios, el cual se dio a sí mismo a través de ella. María dijo «sí» a Dios y fue un «sí» que nos trajo infinitos bienes.

El «sí» de Dios como decisión irrevocable desde toda la eternidad de redimir al hombre, tuvo su eco y realización concreta y definitiva en el tiempo a través del «sí» de María dado en la anunciación.

María, cual primorosa vidriera de una catedral gótica, al dar su adhesión con su «sí», dejó traslucir y proyectó la luz y salvación de Cristo a todos los hombres.

¿Descubres ya por qué has de tener una gran devoción a María? ¿Por qué quieres tener devoción a María: por los favores materiales que nos haya de conceder o más bien porque el «sí» de María ya nos ha traído todos los bienes al darnos a Jesús?

Además, nos ha enseñado el *camino* (y que no es otro que el decir siempre «sí» a Dios) por el que el Señor sigue manteniendo y realizando los mismos planes de salvación trazados desde antiguo. Todos los favores y toda la protección que pudiera dispensarnos a través de María son como añadidura comparados con la salvación de Dios.

Examina en qué te pide Dios un «sí», o lo que es lo mismo, una adhesión a su santa voluntad. Pide a María que te haga dócil y obediente a la santa voluntad de Dios que vayas descubriendo en ti. Ser dócil y obediente es lo que Dios quiere de ti, porque:

- es la mejor ofrenda y sacrificio a Dios,
- es el único modo de ser de verdad devoto de María, imitándola en el «sí» que le comprometió toda su vida,
- es la puerta de todos los favores y gracias,
- es el gran medio de llegar a la santidad.

La Anunciación
JUAN PANTOJA DE LA CRUZ (1553-1608)
Ministerio de Asuntos Exteriores (Madrid)

26. María, peregrina de la fe en la encarnación

*M*aría, a semejanza de un peregrino que va recorriendo caminos, fue de acontecimiento en acontecimiento encontrándose con las más diversas vivencias de fe. Así lo enseña el Vaticano II: «La Santísima Virgen..., concibiendo a Cristo, engendrándolo, alimentándolo, presentándolo al Padre en el templo, padeciendo con su Hijo cuando moría en la cruz, cooperó en forma enteramente impar a la obra del Salvador con la obediencia, la fe, la esperanza y la ardiente caridad con el fin de restaurar la vida sobrenatural de las almas» (LG 61).

Qué es la fe lo explica, en algún modo, una sencilla anécdota que a mí mismo me sucedió con una madre. Es muy simple. Cuando yo estaba comentando con ella las muy serias dificultades y embrollos en que su hijo se había metido, me dijo bien resuelta: «Mi hijo está metido en una situación muy difícil, pero yo tengo mucha fe en él».

Por ello se ve que la fe es adhesión de una persona a otra, es confianza, es espera segura; es dejar nuestro modo de ser y de pensar para entrar en esa adhesión vital plena con *el otro,* con el mismo Dios.

Cuando se cierran caminos, cuando llega la noche y lo imposible para el hombre, entonces la fe lleva consigo el pensar y creerse que «lo que es imposible para los hombres, es posible para Dios» (Mc 10,27).

La propuesta era de ser Madre siendo Virgen. El ser ella, precisamente, *la pobre de Yavé,* la Virgen de la profecía de Isaías, la que diera a luz al Hijo del Altísimo, era una gran prueba para su fe. Esto era tan insólito... que sólo una vez iba a suceder en todos los siglos. Una Virgen llegará a ser Madre de un Dios... No era fácil creérselo, asumirlo y decir un «sí» de por vida a Dios. María, con paz en el corazón aunque turbada por la magnitud de los hechos, pero a la vez con la serena madurez que da la gracia, hace una pregunta: «¿Y cómo será eso, pues yo no conozco varón?». El ángel se lo aclara y María da un «sí», dice un *hágase* de inmensa fe y generosidad, pues tomados su vientre y su mente por el Espíritu Santo, intuye que ese «sí» de la anunciación habría de vivirlo a plenitud en la consumación del calvario y en el esplendor gozoso de la resurrección.

Así, viviendo día a día, acontecimiento tras acontecimiento, «María avanzó en la peregrinación de la fe y mantuvo fielmente la unión con su hijo hasta la cruz» (LG 58).

La Anunciación (1650-1655)
BARTOLOMÉ ESTEBAN MURILLO (1618-1682)
Museo del Prado (Madrid)

27. La visitación y el servicio

«María se puso en camino y fue aprisa a la montaña a un pueblo de Judá (a visitar a su prima Isabel)» (Lc 1,3).

El servicio es la forma propia del vivir cristiano. No hay otra. Es esencial. Sin servicio realizado evangélicamente, no entra uno en la sustancia del vivir cristiano. Así lo hicieron los santos. Y sobre todo, María fue el mejor y más acabado modelo de servicio.

El mando, el poder en cualquier grado y nivel, la autoridad dentro y fuera de la Iglesia, itienden tantas veces a convertirse en abuso, imposición velada, desamor y antiservicio...! Jesús nos previno: «El que manda sea como el que sirve» (Lc 22,26). En el lavatorio de la Santa Cena Jesús dijo a sus discípulos: «Os he dado ejemplo para que lo que yo he hecho con vosotros, vosotros también lo hagáis» (Jn 13,15). Por ello, toda autoridad y todo servicio han de prestarse:

- Con *humildad,* sintiéndose uno también pobre y necesitado, y sirviendo con pureza de intención sin pretender buscarse amigos y valedores, sino con ánimo de complacer y hacer el bien a los demás.
- Con *espíritu de entrega,* esto es, sin reticencias, sin ahorrar sacrificios...
- *Dando lo que uno tiene,* como tiempo, cualidades, y sobre todo, dándose a sí mismo y sabiendo que debe dar más el que más ha recibido. «Jesús me amó y se entregó a la muerte por mí», dice Pablo (Gál 2,20).
- *Sabiendo que el que más da, más recibe,* pues el mérito del servicio es personal e intransferible. Al prójimo le llega el fruto de tu servicio, el mérito queda en ti.
- Con *amor:* sólo desde el amor humilde y sincero se puede servir bien. La envidia del hermano, que es pesar del bien ajeno (terrible pecado), la emulación, el intento de anulación, le hacen a uno incapaz de hacer un servicio cristiano y vivir el evangelio en lo que es más fundamental.

Lo más importante para un cristiano que no quiera vivir en engaño permanente es el ser servidor de sus hermanos. La autoridad, la dignidad, los cargos que a uno le han conferido —sobre todo dentro de la Iglesia—, solamente se le han dado para facilitar el que sea más eficaz su servicio. No hay honra más alta que ser servidor, siervo fiel dentro de la familia, el grupo, la Iglesia, la sociedad, y por ello gastarse y desgastarse como enseña el apóstol san Pablo.

La forma de servir de María fue «con prontitud», entregando su persona con amor y humildad y con ilimitada generosidad. Mira a Jesús y a María, y piensa que en el bien servir te va el ser o no ser cristiano. Amar y dar, aparentemente a fondo perdido, nunca es algo inútil.

La Visitación
Louis-Jean Françoise Lagrenee (1724-1805)
Museo del Prado (Madrid)

28. María y el servicio

«El que quiera ser grande entre vosotros, que sea vuestro servidor» (Mc 10,44).

«He aquí la esclava del Señor, hágase en mí según tu palabra» (Lc 1,38).

María, una vez inaugurada su maternidad divina, con Dios en su vientre y en su mente, no se aleja de las necesidades del prójimo; antes al contrario, aumenta su capacidad de servir. Por ser humilde sierva, Dios la convirtió a María en su Madre, y al ser Madre y por ello sintiendo vivísima la presencia de Dios, María se vio como impelida a darse en caridad a los demás. Por ello fue con prisa a visitar a su prima Isabel, que necesitaba compartir el inmenso gozo de ser madre en su esterilidad y vejez. Asimismo necesitaba que alguien le ayudase desde el sexto mes de su embarazo. Por esta razón «María se quedó con Isabel durante tres meses» (Lc 1,56).

La fe en Dios y el servicio incondicional al prójimo hace posible maternidades inefables. El servicio desde la fe y el amor sincero es lo que —según el evangelio— más dignifica y ennoblece al hombre.

La presencia de Dios, de esa manera tan singular como estaba en María, abre de una manera afectiva y efectiva a la realidad social de los pobres. Por eso entiende así la acción de Dios en ella y proclama el Magníficat en el que canta la acción de Dios en favor de los pobres:

«Derriba del trono a los poderosos
y a los humildes los enaltece,
a los hambrientos los colma de bienes
y a los ricos los despide vacíos» (Lc 1,52-53).

¡Oh María!, que movida por la ardiente caridad que infundió el Espíritu Santo en ti fuiste presurosa a visitar a tu prima santa Isabel, a quien se le quitó el bochorno de su esterilidad, y por gracia singular concibió un hijo, el profeta precursor del Señor y «el mayor entre los nacidos de mujer» (Mt 11,11). Concédeme de Dios el abandonar esta esterilidad espiritual y que de verdad se vaya formando en mí la imagen siempre fecunda de tu hijo Jesús. Si tú, siendo virgen, recibiste, oh prodigio único en toda la creación, el don de ser madre, consígueme que Dios se apiade de mi pobreza y que en la oración, en la fe y en el servicio, mi corazón se haga fecundo con la acción del Espíritu Santo y por tu presencia maternal en mí.

La Visitación (1634-1636)
Juan del Castillo (1590-1657)
Museo de Bellas Artes (Sevilla)

29. La visitación y la caridad solidaria

En el camino de la vida me he cruzado con muchas personas ante las que he pasado sin un reconocimiento, a las que no he amado, a las que no he tenido en cuenta. Pasan y pasan, pero como si no fueran nada para mí. Como en una procesión del Corpus, me he encontrado contigo en tantos hermanos que caminan raudos a mi lado y yo, indiferente, no me he detenido ni he pensado en ellos, los he ignorado como ellos me han ignorado a mí, y he pasado lejano ante ellos... Y sin embargo:

«Todos son hijos de Dios» (Gál 3,26).
«Todos tenemos un mismo Padre al que invocamos» (Lc 11,2).
¡Ellos son de verdad mis hermanos!

Nadie debiera ser para mí uno más, un cualquiera, un don nadie. Viéndoles a ellos debí de recordar al Padre, creador y alfarero del hombre. No caí en la cuenta de que a quien para mí no es *nadie*, tú «le hiciste poco inferior a los ángeles, lo coronaste de gloria y dignidad» (Sal 8,6). Voy perdiendo vista y profundidad para ver en el otro a Ti; la fe está tan apagada en esta sensibilidad hacia el hermano que no sé si es que estoy perdiendo la fe o que nunca la tuve. A pesar de todo, estoy bien seguro de que Dios:

- se revela en cada persona,
- se siente amado en cada persona,
- se siente olvidado cuando una sola persona es olvidada,
- se siente aludido en cada persona aludida,
- se siente dejado de lado cuando una persona es marginada.

¿Qué me dirá Cristo si llego a Él sin el «hermano», sin «el otro»?

Estamos ensamblados con los otros de tal manera que sin el otro ni siquiera podemos ser lo que estamos llamados a ser y que Dios quiere que seamos: familia, pueblo de Dios. Además, «el otro» está presente en mil cosas que disfruto yo y que debo a mis hermanos. Está en la sombra que me cobija gracias a que un día plantó un árbol. Está en la paz que disfruto, en el hospital que me cura, en la butaca que me relaja, en el periódico que me informa. ¡Dios y todas sus criaturas puestas a mi servicio!... No puedo pasar por el camino de la vida ignorando al hermano. Justamente esto es ignorar a Dios.

Santa María, la solícita, la siempre atenta en Caná, la servidora de parientes, dame sensibilidad para que el hermano, «el otro», no me sea nunca indiferente.

La Visitación (1505)
Jacobo Strub
Museo Thyssen-Bornemisza (Madrid)

30. María, hermoso relicario del Verbo encarnado

*U*na valiosa y bella joya se suele guardar en un relicario precioso, acorde con su contenido. Jesús, el *más bello entre los hijos de los hombres,* es esa preciosa joya. Es más bello que el lirio y las azucenas. Y más bella que el más precioso relicario es el alma y la vida de María Santísima, la cual tuvo el infinito honor de encerrar en su seno al Hijo de Dios.

Pablo VI, con la fina sensibilidad que le caracterizaba, decía que a María nos podíamos acercar por la vía de la verdad *(vía veritatis)* o por la vía de la belleza *(vía pulchritudinis).*

En el libro titulado *María, música de Dios,* de J. L. Fernández, se invoca a María con esta bella plegaria:

> *«Aunque a veces no pronuncie una palabra,*
> *cuando en medio del silencio te recuerdo en mi interior,*
> *mi silencio es un grito suplicante,*
> *necesito tu presencia, necesito tu amor».*

A la *Santina,* que tiene en su mano izquierda al niño Jesús y en la derecha una flor de oro, pudo cantarle y decirle un poeta:

> *«¡Oh qué cielo más divino*
> *se está asomando a tus ojos!*
> *El Hijo de tus entrañas*
> *ve el paraíso en tu rostro,*
> *¡y no cesa de mirarlo*
> *por nosotros!»*[16].

¡Oh María! Reina de la belleza, de todo lo puro y santo, y Madre del amor hermoso!: concédeme tener un trato permanente en una relación amorosa con tu Hijo Jesús y contigo. Madre bendita, dame la gracia de poder participar de esa santidad y belleza infinita que envuelve y transfigura toda la vida de Cristo y tu propia vida de madre del Verbo encarnado.

La Purísima Concepción
JOSÉ DE RIBERA (1591-1652)
Convento de las Madres Agustinas (Salamanca)

31. Belleza de María

La poesía y todas las artes ensalzan la belleza de María. A veces se acercan más y mejor a la verdad del misterio de su excelencia que los fríos conceptos teológicos. Estos poemas no son sino una mínima muestra de la ingente riqueza que las artes han acumulado a través de los siglos para cantar las glorias de María.

Sobre la belleza y maternidad virginal de María escribe Pedro de Padilla:

En la Virgen con tal arte
usó Dios de su primor,
que lo más en lo menor,
y el todo encerró en la parte,
y grandeza como aquella
hoy muestra lo que encubría,

y nace Dios de María,
quedando madre y doncella.
Nacer el Sol de una Estrella
sólo se vio en este día,
que nace Dios de María,
quedando madre y doncella[17].

Y Lope de Vega canta el mismo tema usando los mismos símbolos:

Hoy nace una clara estrella
tan divina y celestial,
que con ser estrella, es tal
que el mismo sol nace della.
No le iguala lumbre alguna
de quantas bordan el cielo,

porque es el humilde suelo
de sus pies la blanca luna:
nace en el suelo tan bella,
y con tal luz celestial,
que con ser estrella, es tal
que el mismo sol nace della[18].

El mismo Lope de Vega canta a María este villancico sin igual:

Zagala divina,
bella labradora,
boca de rubíes,
ojos de paloma,
santísima Virgen,
soberana Aurora,
arco de los cielos
y del sol corona:
tantas cosas cuentan
sagradas historias

de vuestra hermosura
que el alma me roban;
que tenéis del cielo,
morena graciosa,
la puerta en el pecho,
la llave en la boca.
Vuestras gracias me cuentan,
zagala hermosa,
mientras más me dicen,
más me enamoran[19].

Inmaculada
BARTOLOMÉ ESTEBAN MURILLO (1618-1682)
Museo del Prado (Madrid)

32. El Magníficat, un bello canto para orar

*M*aría, en ese encuentro tan maravilloso con Isabel, pronunció este bellísimo a la vez que comprometido y revolucionario canto del Magníficat (Lc 1,46-55):

Proclama mi alma la grandeza del Señor,
se alegra mi espíritu en Dios, mi salvador;
porque ha mirado la humillación de su esclava.
Desde ahora me felicitarán todas las generaciones,
porque el Poderoso ha hecho obras grandes por mí:
su nombre es santo,
y su misericordia llega a sus fieles
de generación en generación.
Él hace proezas con su brazo:
dispersa a los soberbios de corazón,
derriba del trono a los poderosos
y enaltece a los humildes,
a los hambrientos los colma de bienes
y a los ricos los despide vacíos.
Auxilia a Israel, su siervo,
acordándose de la misericordia
—como lo había prometido a nuestros padres—
en favor de Abrahán y su descendencia por siempre.

Ana se presentó con su hijo Samuel en el templo ante Elí para agradecer a Dios el don del nacimiento de su hijo. Su canto es la base fundamental del Magníficat. Ver la gran semejanza de ambos cantos puede ayudar a entenderlos y a orar mejor con ellos. Ana, postrada ante Yavé, rezó esta oración al Señor (1Sam 2,1-8):

Mi corazón se regocija por el Señor,
mi poder se exalta por Dios;
mi boca se ríe de mis enemigos,
porque gozo con tu salvación...
Se rompen los arcos de los valientes,
mientras los cobardes se ciñen de valor,
los hartos se contratan por el pan,
mientras los hambrientos engordan.

El Señor da la muerte y la vida,
hunde en el abismo y levanta;
da la pobreza y la riqueza,
humilla y enaltece.
Él levanta del polvo al desvalido,
alza de la basura al pobre,
para hacer que se siente entre príncipes
y que herede un trono de gloria...

El Magníficat
J. B. Jon Venet
Museo del Prado (Madrid)

33. El sufrimiento de san José

«Estando desposada su madre María con José, antes de que conviviesen, se encontró encinta por virtud del Espíritu Santo. Mas José, su esposo, que era justo y no quería denunciarla públicamente, decidió abandonarla en secreto» (Mt 1,18-19).

La duda le inquieta, le llena de angustia. Hay dos hechos inconciliables entre sí aparentemente. Por un lado, la gravidez de su esposa que ven sus ojos, y sus ojos no le engañan; y por otro lado, la certeza y honradez con que los ojos de su alma ven la santidad de María, de la que no tiene razón alguna para dudar. Por ello decide, en secreto y en silencio, marcharse lejos. La noche más oscura se cierne sobre su vida. Sólo ráfagas de luz y de serenidad aparecen en su alma de justo. ¿Qué hará José?:

> *Si se queda, el honor que pierde mira,*
> *y si se va a perder su Esposa llora,*
> *que enamorado en su beldad se admira,*
> *y absorto por su hermoso bien la adora.*
> *Cuando el embarazo le provoca a ira,*
> *su santidad le amansa y enamora,*
> *y entre el temor y sus desconfianzas*
> *tiene del peso iguales las balanzas*[20].

Y sin aclararse en su interior por la oscuridad y la angustia que le invade, después de pensarlo, toma una decisión:

> *O esta es de Dios gloriosa maravilla,*
> *dice, o es de mi honor injusta llaga;*
> *si esto es de Dios mi corazón se humilla*
> *y no merezco que me satisfaga,*
> *antes si está embarazada y es doncella,*
> *indigno soy de cohabitar con ella*[21].

San José y el Niño (1794)
JACINTO GÓMEZ (1746-1812)
Catedral de Palencia

34. Sufrimiento de María

«Moisés nos dijo que hay que dar muerte a estas mujeres (adúlteras)»
(Jn 8,5; cf Dt 22,24).

María, en su corazón tan sensible y delicado, sufre tanto o más que José y pide a Dios ardientemente que ilumine a José y a ella le aclare lo que tiene que hacer, o decir o callar. Hay *dos versiones* sobre el silencio de María.

La *primera*, comúnmente admitida en la tradición, es que María guardó profundo y total secreto aún sabiendo el gran sufrimiento que esto le acarrearía. Ella se preguntaba en su interior:

> *¿Podré tan fácilmente ser creída*
> *que diciendo el misterio incomprensible*
> *puede nadie pensar que sea posible?*[22].

Aquella joven madre, objeto de las sospechosas miradas y comentarios de sus compaisanos, se arrojó en los brazos de Dios como la *pobre de Yavé* y se dijo: Él lo sabe todo, me quedo callada... ¡Dios proveerá!

La *segunda* versión, admitida por varios mariólogos modernos, es que María consideraría conveniente decir a su esposo lo sucedido aclarándole el hecho milagroso de su concepción virginal. Entonces José deja de dudar y queda del todo indeciso ante tan alto misterio divino. Se siente indigno de vivir y cooperar con Dios y su santa esposa, y decide marcharse en secreto. Luego el Señor —a través del ángel— le dice que no debe marcharse, pues su esposa ha concebido por obra del Espíritu Santo.

Carlo Carretto, en su libro *Dichosa tú que has creído,* explica el sufrimiento de la Virgen María con un ejemplo que él presenció en las arenas del desierto. Dice así:

«Una muchacha del desierto había sido prometida en matrimonio a un joven de otro campamento. A los dos años volvió a pasar por el campamento el novio, y preguntó, al no encontrar a su novia, si había contraído matrimonio. No era así. Antes del matrimonio habían descubierto que su novia estaba embarazada y *había sido degollada* por haber mancillado el honor de la familia. Así es la ley árabe. Sentí estremecimiento —dice Carretto— y pensé en aquella pobre muchacha muerta por no haber sido fiel al futuro esposo, y pensé también en el hondo sufrimiento de María, la Virgen, aparentemente en situación similar a la de aquella muchacha degollada».

La Virgen María
JAN MASSYS (c. 1509-c. 1575)
Museo del Prado (Madrid)

35. Santa María del silencio

Silencio de san José. Ante lo evidente de su embarazo, José decidió repudiar en secreto a su esposa, y así optó por permanecer en silencio y marcharse lejos, dejándolo todo en manos de Dios. Pero ante este hecho misterioso e inefable recibe un oráculo en sueños que le dice: no temas recibir contigo a María, tu esposa, porque lo que ha nacido en ella es obra del Espíritu Santo; entonces José tomó consigo a su esposa como el ángel del Señor se lo había mandado (Mt 1,18-20).

Silencio de la Virgen. María, la santa Madre de todos los silencios, tiene dudas de lo que debe hacer cuando se siente grávida (embarazada) y no puede ocultar las señales evidentes de su embarazo. Opta por el silencio. Solamente una vez en la historia de la humanidad sucede que un hijo es engendrado sin obra de varón. Y esa vez le ha venido en suerte como don a María, la siempre Virgen. María, la Virgen prudente, opta por el silencio. Pues si se lo dice a san José, de ninguna manera lo iba a entender; si se lo quiere explicar a sus familiares, mucho menos aún iban a descifrar el misterio ni a creérselo. Ha sucedido el gran misterio, la única excepción de todos los siglos. María calla tanta maravilla. Se refugia en el silencio de las palabras. Se confía y se pone con una ciega confianza en las manos de Dios.

Silencio de Dios. Dios se hizo hombre y guardó silencio haciéndose infante que no sabía hablar. Guardó treinta años de silencio en Nazaret. Se curtió como profeta en los desiertos y en los largos silencios de la oración. Jesús *callaba* —dicen los evangelios— en su gloriosísima pasión.

Nuestro silencio. Tan pronto como un alma se empapa de silencios y hace dormir sus labios, el alma despierta a un mundo de luces, surgen los mejores sentimientos, se hacen los mejores proyectos y se descubren los inmensos poderes que el hombre tiene y que sólo afloran en la intimidad de los silencios del corazón. Estando a solas con el Señor se da lo que dice san Juan de la Cruz: «La música callada, la soledad sonora y la cena que recrea y enamora».

Santa María del silencio, enséñame a vivir envuelto en silencio para encontrarme de verdad con Dios, encontrarme conmigo mismo y en ese ambiente ser eficaz en mi vida.

Inmaculada (detalle) (1630-1635)
Francisco de Zurbarán (1598-1664)
Museo del Prado (Madrid)

36. Plegaria y meditación del silencio

«Su madre conservaba todo esto (en el silencio) meditándolo en su corazón» (Lc 2,51).

*O*h María, tú hiciste silencio en tu corazón para preparar el encuentro con Dios; y ese encuentro resultó ser la encarnación del Verbo.

Llena de gracia, llena de Dios sin ninguna creatura distorsionante en el remanso apacible de tu santa vida. Tú sola, y en una inmensa soledad, conociste el momento en que el Espíritu Santo de Dios formó en tus purísimas entrañas la naturaleza humana del Hijo.

Tú, a solas, vivías el misterio inefable de la fecundidad creciente en tu seno. Era tu silencio.

Tú permaneciste en silencio y no le comunicaste a José la realidad del misterio obrado en ti, y esto a pesar de que fuera doloroso para él.

Tú permaneciste en silencio y tampoco diste explicaciones a tu familia, ni a tus parientes, ni a nadie. ¿Para qué?: no lo iban a entender...

Tú, en soledad y silencio, tomaste la decisión más trascendental de la historia y te decidiste, sin consultar más que con Dios, a decir el «hágase», eco del «hagamos redención» que la Trinidad decidió hacer antes de todos los siglos, y preludio del «hágase» de la pasión, en el Huerto de los Olivos.

Tú consideraste como bueno y como el mejor camino el esconder en tus silencios *los secretos del Rey.*

Oh María, te admiramos llena de fecundidad, aureolada en los mil silencios que poblaron tu vida.

Queremos contemplarte en *tu silencio meditativo* como nos dice el evangelio. Sólo unas pocas veces habla de ti el evangelio y apareces siempre meditando tan grandes cosas en el silencio de tu corazón...

Enséñanos la inmensa fecundidad del silencio y la de estar a solas con el Señor y con uno mismo.

La Sagrada Familia
Anónimo del siglo XVI
Museo Catedralicio (Ávila)

37. Santa María del silencio, enséñame a callar

Enséñame ¡oh Madre del Señor! a callar si la caridad va a quedar dañada si hablo.

Enséñame a no hablar nunca mal de nadie, a callar siempre que el hablar sólo traiga crítica destructiva, vergüenza o difamación del hermano.

Enséñame a llevarme unos cuantos secretos a la tumba.

Enséñame a callar cuando mi silencio sea como una fraternal represión, una disconformidad con lo incorrecto, lo deshonesto o lo difamatorio que se está diciendo.

Enséñame a callar lo negativo, lo malo, lo que avergüenza al hermano si hablando falto a la caridad y no defiendo la justicia o al inocente.

Enséñame el silencio de la aceptación interior sin rebelión interior y en la paz del corazón.

Enséñame a callar, a sufrir, a amar y aceptar en el silencio que se confía en Dios.

Enséñame a orar en lo escondido, a dar limosna en lo oculto, a vivir santamente en el decoro del silencio del corazón.

Enséñame a caminar entre silencios, aunque no a solas, sino acompañado del Señor y de los hermanos. Que no olvide nunca que a Dios se va por el hermano y con el hermano.

Enséñame a hacer silencio exterior, pero sobre todo el silencio interior de pensamientos inútiles, ilusiones imaginarias, deseos irrealizables, preocupaciones y agobios excesivos...

Enséñame a cultivar el silencio, fuente de inmensas energías y ambiente necesario para las más arriesgadas decisiones.

Enséñame el silencio para poder entenderme a mí.

Enséñame el silencio para poder escuchar y entender al hermano.

Enséñame el silencio, los desiertos, las pobladas soledades donde únicamente me puedo encontrar con Dios y «conocer a Dios».

Enséñame, oh María, nuestra Señora de los silencios fecundos, un clima de silencio permanente, un silencio tal que me conduzca al monte santo de la contemplación[23].

Inmaculada (1784)
Francisco de Goya (1746-1828)
Museo del Prado (Madrid)

38. Santa María, enséñame a hablar siempre bien

*S*anta María del buen hablar y bien conversar, tú que tan bien dialogaste con el Señor, con el ángel de la Anunciación, con Isabel, con los invitados en las bodas de Caná, con tu hijo Jesús, con los apóstoles (a los que seguramente les descubrirías muchos secretos de la vida oculta de tu Hijo), con las vecinas del barrio de Nazaret, enséñame a hablar, enséñame cómo decir y qué decir, enséñame a dialogar y a conversar como conviene.

Enséñame a vivir lo que digo y predico, y enséñame a predicar íntegro el mensaje.

Enséñame a decir y a expresar siempre la verdad, la verdad en la caridad.

Enséñame a decir lo que Dios quiere que diga, aunque me escueza o contradiga mis principios o formas de vida.

Enséñame a no desacreditar el mensaje de Cristo (el evangelio) con *medias verdades,* con silencios motivados por respetos humanos, con palabras ambiguas, con salidas del paso.

Enséñame a decir el lado bueno de las cosas y sobre todo de las personas, callando siempre el lado oscuro.

Enséñame a ir al fondo de las cosas, cuidando en segundo lugar las formas correctas e incluso bellas.

Enséñame a decir lo que es bueno y salva, aunque desagrade al que lo escucha.

Enséñame a no caer en el mutismo a priori.

Enséñame a levantar una voz humilde y respetuosa ante muchos errores que se vociferan.

Enséñame a no ser cómplice con mi silencio ante la osadía de tanta procacidad y error. Las tinieblas cubren la tierra, pero Dios dijo: «Hágase la luz», y dijo también: «Vosotros sois la luz del mundo». Y la luz, si aparece, siempre es más fuerte que las tinieblas.

Enséñame lo del evangelio que manda decir «sí» o «no» (sea vuestro lenguaje: «sí, sí; no, no»).

Enséñame, oh María, que *todos nosotros reflejemos a cara descubierta la gloria del Señor,* viviendo en la verdad y en la sinceridad[24].

Santa Ana y la Virgen Niña
Bartolomé Esteban Murillo (1618-1682)
Museo del Prado (Madrid)

39. María y la expectación del parto

La historia de largos siglos de espera en Israel y en el mundo va a llegar a su fin. En María se va intensificando ese gozo inefable al sentir que está a punto de ser plena realidad la tan ansiada esperanza de los profetas y del pueblo de Israel.

La madre Iglesia evoca el deseo de la venida del Señor en siete antífonas que se recitan —en tono admirativo— en la liturgia de los días que preceden a la vigilia de la Navidad o la Expectación del Parto (fiesta por otra parte muy querida en España).

Estas antífonas que empiezan en tono admirativo por la letra «O», y que dieron origen a que se la invoque a María con el título de «Virgen de la O», son las siguientes: *O Sapientia, O Radix Jesse, O Clavis David, O Oriens, O Rex Gentium, O Emmanuel.*

María ha tomado la antorcha ardiente de la esperanza y la ha convertido en aurora resplandeciente que anuncia ya muy próxima la luz divina de la salvación. María vivía con gran fe la expectación del parto. ¡Quién tuviera el alma tan limpia como para atisbar los sentimientos de la Virgen cuando grávida y tan cercana en la expectación del parto, se siente inundada del Espíritu, amada de Dios Padre y hecha una misma carne con el hijo entrañable, que a su vez es Hijo de Dios y que a ella y sólo a ella se le ha confiado! Asómate, si tu humildad y limpieza de corazón te lo permite, a ese santuario de la divinidad en que se ha convertido la Virgen expectante. Medita los sentimientos de gozo, adoración, acción de gracias..., que inundan el corazón de la joven Madre de Dios. Quizás nos pudieran decir algo los místicos o los poetas en ese lenguaje simbólico y poético (el único que se puede acercar en algo al misterio de Dios).

Gerardo Diego piensa en la incertidumbre de María y qué hará cuando tenga al Niño que ya va a nacer:

> *Cuando venga, ay, yo no sé*
> *con qué le envolveré yo,*
> *con qué.*

> *Ay, dímelo tú, la brisa*
> *que con tus besos más leves*
> *la hoja más alta remueves,*
> *peinas la pluma más lisa.*
> *Dímelo y no lo diré,*
> *con qué le besaré yo,*
> *con qué.*

> *O dímelo tú, si no.*
> *Si es que lo sabes, José,*
> *y yo te obedeceré,*
> *que soy una niña yo,*
> *con qué manos le tendré*
> *que no se me rompa, no,*
> *con qué*[25].

Mira a María como el mejor modelo de preparación de una Navidad. Siente, goza, adora, agradece, dispónte como ella. Es tu modelo.

Inmaculada (1680)
CORNELIO SHUT (1629-1685)
Museo de Bellas Artes (Sevilla)

40. Santa María del adviento

$\mathcal{E}$n una catequesis con un grupo de niños, comencé a explicarles el sentido del adviento como preparación a la venida del Señor. Les dije: «Jesús nació en Belén hace ya dos mil años, vivió entre nosotros, murió en la cruz, resucitó, y vive ahora glorioso en los cielos... Entonces, ¿cómo puede nacer de nuevo?». Un niño dijo rápidamente: «El nacimiento de Jesús se da en las personas, Jesús nace en el corazón de los niños y de todos los hombres que se preparan a recibir en su vida a Jesús. Ahora no nace en Belén, sólo nace en el corazón». Fue una buena respuesta. «Por ello —les dije— si se le cierra el corazón al Señor, no hay Navidad».

Santa María es el modelo más perfecto de cómo esperar y preparar el nacimiento de Jesús en el corazón.

Su vida de oración y adoración se va haciendo cada vez más intensa conforme se va acercando la hora en que dará a luz a su hijo primogénito. Con todo esmero y ternura, ella, en la casita pobre y humilde de Nazaret, iba preparando todo el ajuar del Niño. Y también san José, cuando llegó la noticia del empadronamiento, tenía preparada una humilde cuna donde recostar al niño Dios.

Pero sucedió que por aquellos días (mientras transcurría la espera hogareña y gozosa del Hijo de Dios que iba a nacer) salió un edicto de César Augusto ordenando que se empadronase todo el mundo en la ciudad de origen. San José es de Belén. Por ello se ha presentado un problema. Las circunstancias de María aconsejaban no ponerse en camino; pero María y su santo esposo, obedientes y dispuestos a cumplir la ley, no protestan, no se oponen, no critican. Se ponen en camino. Acatan la voluntad divina manifestada en esa ley humana del emperador.

Imagina a María encinta y montada sobre un jumento. José va guiando y transportando a tan humilde y gran señora. Otros quizás van protestando por la ley del César. María no. Ella va caminando en total obediencia exterior e interior. Va agradeciendo y adorando al Señor, llena de modestia y recogimiento. Bien podemos decir que la obediencia, la pobreza, la paciencia, la mansedumbre, la plena confianza en Dios y muchas más virtudes, conforman la cuna donde, ya antes de llegar a Belén, había nacido el Hijo de Dios. Así iba preparando María el *adviento* del Señor.

¡Qué amable y atractiva se presenta esta joven madre, revestida con la elegancia de virtudes tan sencillas y deslumbrantes a la vez! Si te esfuerzas en imitarlas, Cristo nacerá en tu vida, y la primera Navidad de Jesús en Belén tendrá su plenitud en el fondo de tu corazón.

La Anunciación
Louis Finsonius (1580-1617)
Museo del Prado (Madrid)

41. Desde la visitación a Belén

No conocemos los acontecimientos e incidentes que ocurrirían en el tiempo que va desde la visitación hasta Belén. Fueron días, sin duda alguna, vividos intensamente por María. Seguro que sucedieron no pocos acontecimientos que ahora nos gustaría conocer: entre ellos, las andanzas y desengaños que María y José tuvieron en la búsqueda de una posada donde pudiera nacer el Niño. El cúmulo de las peripecias y los sentimientos de aquella santa familia queda para la imaginación de los literatos y poetas en sus más variadas formas.

Los tiempos anteriores al empadronamiento que les llevaría a Belén, en donde había de dar a luz la madre virginal, transcurrieron entre sentimientos de fe, adoración y cuidados de aquel tesoro infinito que era María con el hijo de Dios en su seno:

El vientre virginal se va aumentando
porque le aumenta el Niño que en él crece,
que el tiempo deseado va llegando
al que ha cinco mil años que padece;

José lleno de gozo espera el cuándo
ha de gozar el bien que le enriquece;
en continua oración el tiempo gasta
y en servir a su esposa siempre casta[20].

Y llegó el tiempo de buscar posada, lo que relata así el poeta Nieva y Calvo:

Al lado de oriente, junto al muro
de esta antigua ciudad, está una cueva
naturalmente hecha y fabricada,
debajo de una peña levantada.
Buscan la puerta en fin, digo,
porque la cueva puerta no tenía;
libre de gente está, y desocupada,
y por lo mismo más oscura y fría.

Y en aquel apartado más pequeño
junto al pesebre alegres descansaron,
a quien atados sin pastor ni dueño
una mula y un buey juntos hallaron:
la entrada y con amor recíproco y risueño,
a Dios con alabanzas intimaron
la posada por suya, alegre y buena,
aunque sin prevención de cama y cena[27].

Reaviva en tu corazón los sentimientos de fe y adoración al Señor que se acerca. Contempla a María llena del Espíritu y viviendo intensamente el primer *adviento* del Señor. Ella es nuestro modelo perpetuo. Reaviva en ti sentimientos semejantes a los de María.

Inmaculada «La Niña» (1668)
BARTOLOMÉ ESTEBAN MURILLO (1618-1682)
Museo de Bellas Artes (Sevilla)

42. Llegado el tiempo, Jesús nació en Belén

«Y sucedió que mientras estaban en Belén le llegó a María el tiempo del parto y dio a luz a su hijo primogénito, lo envolvió en pañales y lo acostó en un pesebre, porque no había sitio para ellos en la posada» (Lc 2,6-7).

*S*e cuenta de un obispo que en la Edad Media hizo una peregrinación a los Santos Lugares. Al visitar la basílica del nacimiento de Belén, un joven se golpeó en la cabeza con el dintel de la puerta de entrada del santo lugar (que no tiene más que un metro de altura). Aquel sabio obispo dijo al joven: «Al lugar santo donde nació Jesús hay que entrar con la cabeza agachada (con humildad)».

Dice bellamente Antonio Murciano, el cual intenta imaginar la situación de María:

No puedo seguir, no puedo...
Déjame sobre esta piedra.
¡Qué dolor, esposo mío,
que a un Dios le cierren las puertas!
Mira, una gruta, una gruta
al borde de la vereda.
Parece sola. Es de noche.
Ayúdame a entrar. Espera...
¿No sientes como un aliento?
¡Qué dolor, José, que tenga
que nacer en un establo
el Rey del cielo y la tierra!

¡Cuánta nieve por mis hombros!
José, me tiemblan las piernas.
Reclíname con cuidado
junto de la paja seca.
José, siento como un gozo
que me corre por las venas.
Dobla tu vara florida.
Dobla tu rodilla en tierra.
Siento al Hijo que me salta
en las entrañas... ¡Ya llega!
¡Cuánta música en el aire!
José, ¿qué música es esa?...[28]

Nieva y Calvo cuenta el gran misterio del nacimiento de Jesús con brevedad e inmenso respeto:

Cumplióse, pues, la hora deseada,
el tiempo de los cielos prometido,
la gloria de los siglos esperada,
el día de los Padres prevenido;
llegó la hora donde está cifrada
la mejora de todo lo perdido,
la libertad del hombre encarcelado,
la victoria del mundo, y del pecado.

Del tálamo inmortal salió el Esposo,
cuyas Bodas la tierra y cielo espera,
salió alegre el Gigante poderoso
del cielo, a dar principio a su carrera;
por la puerta de aquel Oriente hermoso
el Sol mostró dorada cabellera,
salió el Niño, que el cielo nos envía
del vientre inmaculado de María[29].

El nacimiento de Cristo (1597)
Federico Fiori «El Barocci» (1535-1612)
Museo del Prado (Madrid)

43. María en la cueva de Belén

El poeta Valdivielso canta de esta manera cómo sucedió el *misterio* del nacimiento de Jesús de una madre virgen:

> *Quedó cual vidriera transparente*
> *que pasa el claro sol por mitad della,*
> *y con su bella luz resplandeciente*
> *deja su claridad más pura y bella;*
> *quedó como la puerta del Oriente*
> *cerrada al rey, aunque pasó por ella;*
> *quedó cual la bujeta en que ámbar hubo,*
> *dando fragancia del olor que tuvo.*

Y la intimidad a solas entre Dios hijo y la que es verdadera madre de Dios, el mismo Valdivielso la expresa en unos versos llenos de sentimientos y emociones:

> *Tiene la Madre al Hijo entre los brazos*
> *para abrigarle entre los blancos pechos;*
> *dale estrechos dulcísimos abrazos*
> *y mil besos sabrosos más estrechos;*
> *el Niño eterno haciendo tiernos lazos*
> *de los bracitos de azucenas hechos,*
> *enlaza el cuello de la madre pura*
> *aumentando su gracia y hermosura.*
> *Envuélvele en los cándidos pañales,*
> *los brazos tiernos con el pecho faja,*
> *besa los pies de rosas y corales*
> *del Dios que por que el hombre baja;*
> *y al rey de las riquezas inmortales*
> *en un pesebre pone entre la paja,*
> *siendo el que con sus plantas de jazmines*
> *huella glorioso alados serafines[30].*

Pídele a María que te enseñe a besar, abrazar, acariciar al Jesús de Belén y al Cristo cercano. Pídele a Jesús mirar como Él: Jesús, cuando nace, lo primero que mira es a María; y lo último que miró, al irse de este mundo, cuando iba a entregar el Espíritu, fue también a María.

Adoración de los pastores (1668)
BARTOLOMÉ ESTEBAN MURILLO (1618-1682)
Museo de Bellas Artes (Sevilla)

44. María y los pastores

«En aquella región había unos pastores que pasaban la noche al aire libre, velando por turno su rebaño... El ángel les dijo: "No temáis, os traigo una buena noticia, una gran alegría para todo el pueblo: hoy, en la ciudad de David, os ha nacido un Salvador: el Mesías, el Señor. Y aquí tenéis la señal: encontraréis un niño envuelto en pañales y acostado en un pesebre"» (Lc 2,8.10-12).

Envuelto en pañales. Hermosísimo cuadro el de María ofreciendo el Niño a los pastores para que lo adoren. Cuando se les anuncia el misterio, se les dice a los pastores por medio del ángel: «Aquí tenéis la señal; encontraréis un niño envuelto en pañales y acostado en un pesebre» (Lc 2,12).

En primer lugar, al decir «envuelto en pañales», se está indicando que una criatura está cuidada amorosamente por sus padres, en este caso por María y José. Así aparece, aparte de en otros muchos pasajes, en el libro de la Sabiduría: «Me crié entre pañales y cuidados» (Sab 7,4).

María es la que acoge el misterio de un niño indefenso, y lo hace envolviéndolo en pañales, protegiéndolo, poniendo toda su ternura y desvelo para cuidar a Jesús. En aquellos pañales podemos imaginar esas virtudes con las que María adornó su corazón convertido en la primera y dulce morada del Señor.

Los pastores adoran a Jesús. Los pastores son elegidos por Dios (y en ellos están representados todos los sencillos y los hombres de buena voluntad) para que se les haga la primera manifestación de Jesús como Salvador.

María recibió gran alegría cuando vio a aquellas gentes de alta alcurnia, las cuales venían humildes y obedientes a adorar al Señor. El reino de Dios comenzaba a tener sus seguidores. Y María, con gran gozo, muestra a Jesús a los pastores. La primera manifestación de Jesús quiso el Señor que se hiciera a través de su Madre. Eva dio el fruto prohibido a Adán y eso nos perdió. María nos ofrece el fruto bendito de su vientre en aquellos humildes pastores, y eso nos trae la salvación.

Tenlo muy presente: nunca se encuentra a María sin Jesús, y tampoco se puede encontrar a Jesús lejos de María. Pablo VI dijo que si queríamos ser *cristianos*, teníamos que ser *marianos*.

Adoración de los pastores (1650)
Pieter Van Lint (1609-1690)
Museo de Bellas Artes (Sevilla)

45. María y los Magos

«*Los Magos, al ver la estrella, se llenaron de inmensa alegría. Entraron en la casa, vieron al niño con María, su madre, y cayendo de rodillas lo adoraron; después, abriendo sus cofres, le ofrecieron regalos: oro, incienso y mirra. Y habiendo recibido en sueños un oráculo, para que no volvieran a Herodes, se marcharon a su tierra por otro camino*» (Mt 2,10-12).

Dejamos de lado la cronología al modo como lo hace el pueblo cristiano, el cual, inmediatamente después de la adoración de los pastores, nos pone la adoración de los Reyes que llegan a Belén conducidos por una estrella.

De este modo, Dios se manifiesta tanto a los humildes (simbolizado por los pastores) como a los sabios poderosos (los Magos de Oriente). O mejor, Dios se manifiesta a Israel (los pastores) y al mundo pagano, representado por los magos y sabios de Oriente.

Los poetas, la dramaturgia y los villancicos de Navidad no hacen más que suplir con bellas situaciones e historias imaginadas lo que de historia real falta al relato evangélico. Los pintores, tradicionalmente, nos dibujan en sus representaciones una vistosa cabalgata de Reyes que llegan a Belén guiados por una estrella para adorar al Señor, a la vez que le ofrecen sus dones.

Varios autores ven en esa estrella el símbolo de María que nos guía siempre hasta Jesús. Y así surgieron bellas canciones que nos hacen mirar a María como luz celeste y estrella orientadora: «Mira la estrella, invoca a María...», canta el pueblo cristiano.

La Liturgia de las Horas recoge en una letrilla la idea de que María es verdadera guía y estrella de los creyentes:

La estrella parada está
con que del sol muestras da;
otra tenéis que os guía,
pues habéis visto a María:
no busquéis estrellas ya[31].

Adoración de los Reyes (1634)
Juan del Castillo (1590-1657)
Museo de Bellas Artes (Sevilla)

46. María, madre del amor hermoso

Siempre he pensado que lo más importante, lo más maravilloso, lo que tiene categoría de *milagro* es el amor. José Luis Martín Descalzo cuenta en el diario ABC una pequeña anécdota o historia que presenció en Lourdes:

Era el 19 de julio de 1961. Ese día —dice— coincidí en Lourdes con una peregrinación internacional de gitanos. He olvidado ya sus vestidos y sus danzas. Pero no los ojos de aquel anciano con el que hablé cuando caía la tarde. Desde la camilla en la que se moría a cachos, víctima de un cáncer de intestino, me confesó que tampoco él había pedido su curación. «Al ver —me dijo— en la explanada a un grupo de chiquillos con parálisis, pensé que su milagro era más urgente que el mío. Ellos no habían vivido aún, yo sí, demasiado. Y los milagros han de guardar turno, han de ser justos. Por eso he pedido que pusieran mi milagro en la cola y resolvieran primero el de los chavales».

Yo sé muy bien —continúa el padre Martín Descalzo—, que los hombres podemos hacernos daño los unos a los otros sólo con mover un dedo. Pero sé también que podemos ayudarnos sólo con sonreír. Fíjense: han pasado veintiún años y aún sigue floreciendo en mi alma la lección de amor que en 1961 me dio un viejo gitano.

En los medios de comunicación salen con más frecuencia las iras y violencias de los hombres que sus amores y virtudes. Sin embargo, ¡cuántos milagros obra calladamente el amor!:

¡Cuántas noches sin dormir de tantas madres por cuidar al hijo enfermo!
¡Cuántos padres trabajando y luchando hasta la extenuación por amor a los hijos!
¡Cuánto esfuerzo en muchas personas por vencer sus pasiones y egoísmos!
¡Cuántos amores limpios, sacrificados y llenos de toda bondad...!

Realmente el verdadero milagro es el *amor:* la generosidad, el sacrificio por el otro, el perdón incondicional..., son el verdadero milagro que continuamente renueva los corazones y hace que la vida sea más digna y esté transfigurada y llena de encanto. La Biblia (1Cor 13,1-13) dice que el vivir sin amor no sirve de nada.

Contempla siempre a María, verdadero modelo y madre del amor hermoso. María en la compasión, en la misericordia, en una palabra, en el amor, es el más fiel reflejo y la más viva imagen del amor de Jesús.

La Virgen de la faja
Copia de Murillo (siglo XVIII)
Colegiata de Villagarcía de Campos (Valladolid)

47. Eva nos pierde, María nos salva dándonos a Jesús

La antigua Eva nos pierde dialogando con el ángel de las tinieblas y *ofreciéndonos la manzana* de la desobediencia. La nueva Eva, que es María, nos salva hablando con el ángel de la luz y *ofreciéndonos el fruto bendito* de su vientre, Jesús.

El poeta Antonio Murciano, en un poema titulado *La visitadora,* muy realista, lleno de contenido teológico, dice:

Era en Belén y era Noche buena la noche.
Apenas ni la puerta crujiera cuando entrara.
Era una mujer seca, harapienta y oscura
con la frente de arrugas y la espalda curvada.
Venía sucia de barro, de polvo de caminos.
La iluminó la luna y no tenía sombra.
Tembló María al verla; la mula no, ni el buey
rumiando paja y heno igual que si tal cosa.
Tenía los cabellos largos color ceniza,
color de mucho tiempo, color de viento antiguo;
en sus ojos se abría la primera mirada
y cada paso era tan lento como un siglo.
Temió María al verla acercarse a la cuna.
En sus manos de tierra, ¡oh Dios! ¿qué llevaría?...
Se dobló sobre el Niño, lloró infinitamente
y le ofreció la cosa que llevaba escondida.
La Virgen, asombrada, la vio al fin levantarse.
¡Era una mujer bella, esbelta y luminosa!
El Niño la miraba. También la mula. El buey
mirábala y rumiaba igual que si tal cosa.
Era en Belén y era Noche buena la noche.
Apenas si la puerta crujió cuando se iba.
María al conocerla gritó y la llamó «¡Madre!»,
Eva miró a la Virgen y la llamó «¡Bendita!».
¡Qué clamor, qué alborozo por la piedra y la estrella!
Afuera aún era pura, dura la nieve y fría.
Dentro, al fin, Dios dormido, sonreía teniendo
entre sus dedos niños la manzana mordida[32].

La Virgen y el Niño con flores
CARLO DOLCI (1616-1686)
National Gallery (Londres)

48. La Navidad en clave religioso-social

$\mathscr{E}$ste tema nos habla de la encarnación de Dios en un mundo de estructuras injustas, que hacen *mala* la *noche buena*.

> *El niño que hoy nace desnudo*
> *no eres tú, Jesús, que es el mundo.*

Sin abrigo,
sin calores,
sin amores,
sin amigo.

Todas las nochebuenas
viene y se encarna
un niño que no tiene
pan ni almohada.

Ven a verlo, Dios, Jesús
mucho más desamparado,
más solo y triste que tú.

Esta noche es noche mala
porque han venido a nacer
cien mil niños sin un ala
en tierras de sal llover[33].

Víctor Manuel Arbeloa, el poeta, político y extraño sacerdote, nos habla de la encarnación de Dios en un mundo en que se dé más justicia, igualdad y libertad. Dice en su poema titulado *Otros belenes:*

A Belén, por aquí,
Señora,
ya no se va.
Se va por la otra puerta
de la ciudad.
Se va por los caminos
sin luz ni paz.
Por esas negras casas
de duro pan.
Se va por las afueras
de soledad.
Se va por el respeto,
por la igualdad.
Por la verdad más clara

y la libertad.
Se va por la justicia
y la caridad.
Por la limosna sola
ya no se va.
Se va por todo el mundo
—bien claro está—,
que Belén es hoy toda
la humanidad.
Que siempre en este mundo
es Navidad.
Señora,
el viaje es algo incómodo.
Usted verá...[34].

María, sobre todo en el Magníficat, acoge y resume las aspiraciones de todos los pobres en sus más íntimos deseos de justicia, igualdad y libertad.

Sagrada Familia
JUAN ANTONIO DE FRÍAS Y ESCALANTE (1633-1670)
Museo del Prado (Madrid)

49. La purificación de la Virgen María

El hecho de la Purificación (Lc 2,22-24). Hoy, esta fiesta de la Purificación se presenta en el calendario litúrgico con el nombre de «la Presentación del Señor». En este pasaje se da el rescate de Jesús como primogénito al ser presentado en el templo, y a la vez se presenta la Virgen María al rito de la *purificación*.

La ley prescribía que las madres se presentasen en el templo para purificarse de la impureza legal, cuarenta días después del alumbramiento si el nacido era varón, y ochenta días después si el nacido era niña.

Esa impureza legal le impedía entrar en lugares destinados al culto, y tocar objetos sagrados. María, humilde y obediente, se sometió al rito de la purificación y ofreció, en su pobreza, dos palomas. Aunque ella se sometió a la ley, un día su hijo liberaría de esas leyes inútiles, desprovistas de eficacia salvadora.

Virtudes de María. Este acontecimiento de la purificación de María es un bello pasaje donde aparece la Madre de Dios practicando las más hermosas virtudes cristianas:

- La *humildad*. María se somete a la ley y se humilla hasta el punto de no aparecer ni como Madre de Dios ni como madre que concibiera virginalmente, por lo que no necesitaba purificarse. ¿De qué se tenía que purificar la santísima Virgen, que ni tuvo pecado original ni nunca cometió la más leve falta de pecado personal?
- La *obediencia*. Ella, que en realidad no tendría que estar sujeta a la ley de la purificación por haber sido concebido virginalmente su hijo, sin embargo obedece con toda docilidad y sumisión.
- La *pureza*. María, aunque no tiene mancha legal, no duda en purificarse. Nosotros, en cambio, no somos tan diligentes en purificar nuestra conciencia, tantas veces manchada por el pecado y necesitada de perdón y limpieza...
- La *pobreza*. Las mujeres ricas ofrecían un cordero en la ceremonia de la purificación. María, la sierva humilde del Señor, no teme en aparecer en público como pobre, y por ello presenta la ofrenda propia de las familias pobres, consistente en la entrega de dos palomas.

Pídele a María esas virtudes tan bellas y a la vez tan necesarias para santificarte de verdad. Imítala. Contémplala en la mayor intimidad de tu corazón.

La Purificación (1560)
Luis de Vargas (1505-1567)
Museo de Bellas Artes (Sevilla)

50. Una espada de dolor (la profecía de Simeón)

> «Simeón los bendijo y dijo a María, su madre: "Mira, este niño va a ser motivo de que muchos caigan o se levanten en Israel. Será signo de contradicción. Y a ti una espada te atravesará el corazón"»
> (Lc 2,34-35).

$\mathcal{U}$no de los siete dolores o espadas que se ven clavadas en el corazón de María (antes se celebraba la fiesta de los siete dolores de María, hoy suprimida) es causada por la *profecía de Simeón*. En el arte, María es representada con el corazón atravesado por siete espadas, que simbolizan los siete grandes dolores de María.

Una espada de dolor que María tuvo clavada toda su vida. Muchas veces, nosotros decimos en previsión de evitar sufrimientos: «no le digas la enfermedad que tiene...», «no le digas lo que han dicho y criticado de él...». Queremos evitar un dolor. Que quede para después en todo caso. En cambio, a María se le anuncia el dolor en una profecía directa, personal, hecha en un lenguaje duro e hiriente con el simbolismo de la *espada* que ya desde entonces quedó clavada en el corazón de aquella joven y delicada Madre. Se le anuncia a María que su Hijo viviría en la incomprensión, en la no-aceptación de su mensaje más que por unos pocos, en la persecución y, en definitiva, sumido en sufrimiento como *un varón de dolores.*

El dolor de María no se quedó para la *pasión* y el *calvario* solamente. Un sufrimiento anunciado como seguro para el futuro se convierte en dolor presente y permanente hasta que se consuma. Esto le sucedió a María.

¿Por qué se le anticipó el dolor?, ¿por qué se le quitó a María la alegría entrañable de la posesión serena de su Hijo haciéndosele esa profecía? Era lógico que el que había de ser *varón de dolores,* el Cristo sufriente y crucificado, tuviera a su lado una madre sufriente, amorosa y compasiva.

Mira a María, que puntualmente vive y revive los sufrimientos que más tarde le esperan a su Hijo Jesús. Eres hijo de María, seguidor de un perseguido y un crucificado. Pídele a la Señora el saber vivir en paz en compañía del sufrimiento, sobre todo del padecido por causa de Jesús.

Sagrada Familia (1623)
JUAN DE UCEDA (1570-1631)
Museo de Bellas Artes (Sevilla)

51. María y la huida a Egipto

«Cuando se marcharon los Magos, el ángel del Señor se apareció en sueños a José y le dijo: "Levántate, coge al niño y a su madre y huye a Egipto; quédate allí hasta que yo te avise, porque Herodes va a buscar al niño para matarlo". José se levantó, cogió al niño y a su madre de noche; se fue a Egipto y se quedó hasta la muerte de Herodes» (Mt 2,13-15).

Al no volver los Magos, Herodes montó en cólera e hizo matar a todos los niños menores de dos años que había en Belén y sus alrededores. Es el destino de todos los violentos y de toda violencia. Herodes hirió de muerte a los inocentes y dejó escapar al que en verdad buscaba. Realmente lo que consiguió es que Jesús, el Niño más buscado y perseguido de la historia, fuese *compañero de viaje* de esa muchedumbre inmensa de niños exiliados que caminan en brazos de sus madres hacia el destierro.

El viaje a Belén fue incómodo pero pacífico. En cambio, el viaje a Egipto es una huida y está lleno de sobresaltos. La huida a Egipto no fue tan paradisíaca como nos la representan los pintores o los evangelios apócrifos. Ni las palmeras y los árboles frutales se inclinaban a su paso para darles su sombra y frutos, ni las fieras venían a arrodillarse a sus pies, ni se derrumbaban los ídolos a su paso por Egipto.

Ir al destierro era caminar entre sobresaltos buscando siempre caminos ocultos, teniendo que esconderse de día y caminar en la oscuridad de la noche. Ya sabemos cómo eran los caminos de entonces y los medios de locomoción. A lo sumo llevarían un humilde jumento. Yendo al derecho y con un experto guía, habrían hecho su viaje de huida en ocho o diez jornadas aproximadamente. La lengua distinta, las costumbres, el sustento diario, el aprovisionamiento de agua... hicieron del viaje un duro y terrible sacrificio. En Belén hubo un pesebre. En el viaje de huida a Egipto, en cambio, la dura tierra les servía de lecho.

¡Para José y María era tan extraño aquel país y su lengua y costumbres...!

Aproximadamente a los dos años de su estancia en Egipto, María con el Niño y su esposo José, vuelven a Nazaret cuando ya ha muerto Herodes, según se lo había avisado el ángel. Ninguna familia ha vivido con tanta fortaleza y confianza en la providencia el acontecimiento de aquel terrible exilio que les ha tocado vivir, como a tantas otras familias a través de la historia.

Admira la obediencia, la constancia, la paciencia, la confianza en la providencia..., de las que María y José nos dieron ejemplo consumado en este destierro tan especial.

2498.

La huida a Egipto
Anónimo boloñés del siglo XVIII
Palacio Arzobispal (Madrid)

52. Santa María de Nazaret

Nazaret ayer y hoy. Algunos Institutos religiosos, y también algunas Iglesias particulares, veneran con culto litúrgico a la Madre de Jesús con el título de Santa María de Nazaret. Con este título se está rememorando el necesario papel que desempeñó María viviendo en Nazaret y ejerciendo los oficios maternales con Jesús, el Salvador del mundo. Nazaret es hoy una gran ciudad con más de cincuenta mil habitantes. En tiempo de María tendría aproximadamente unos trescientos. En esta pequeña aldea se encontraba una fuente (la hoy llamada «fuente de María»). Era la única del pueblo. A ella fue muchas veces la Virgen con su cántaro. Nazaret estaba cerca de Séforis, ciudad artesanal. A esta ciudad es posible que san José y el mismo Jesús fueran a trabajar a jornal, como artesanos... En Nazaret se puede contemplar la bella y gran basílica de la Anunciación, construida en tiempo de Pablo VI. *Se puede ver también la casa de la Sagrada Familia.* Es una casa muy pobre, excavada en la roca de una ladera. Todo en ella es sencillo y austero: unos bancos, unas esteras para dormir, un apartado para el taller y lo más elemental que compone el atuendo de un hogar. Poco sabemos de la historia de la santa familia. Nazaret evoca un profundo silencio, interrumpido tan sólo por la salida de Jesús al Templo de Jerusalén a la edad de doce años. Por lo demás, es una aldea absolutamente ignorada y despreciada en los escritos bíblicos, hasta el punto de llegar a decir: «¿De Nazaret puede llegar a salir algo bueno?» (Jn 1,46).

En Nazaret sucedió todo. En la casa de Nazaret no sucedió nada externamente reseñable. Fue una vida oculta aparentemente sin ningún valor. Pero allí sucedió todo:

- Jesús es el Maestro de la Palabra en la vida pública, pero en Nazaret es el *modelo* de vida.
- Todos los santos han ido a Nazaret a aprender a vivir como cristianos.
- Nazaret evoca y resume la más alta perfección de Jesús y María.

Los evangelios apócrifos han querido rellenar ese «silencio» con amor y fantasía. Así, nos narran cómo Jesús hacía pajaritos de barro con otros niños, y luego Él con su poder divino les infundía la vida para poder volar.

El *prefacio* de la misa de Santa María de Nazaret hace una síntesis de lo que fue la vida oculta de la Virgen. Dice: «Allí... fue un luminoso ejemplo de vida... y *discípula* del Hijo... Ella, *unida al justo* José, te *adoró* en silencio y te glorificó con su *trabajo*».

Si quieres santificarte de veras, tienes que adentrarte en el silencio de Nazaret, en la riqueza inmensa de Nazaret.

Sagrada Familia del pajarito (c. 1650)
BARTOLOMÉ ESTEBAN MURILLO (1618-1682)
Museo del Prado (Madrid)

53. La Sagrada Familia y la nueva familia mesiánica

Jesús establece la nueva familia mesiánica. Jesús ha de abandonar a su propia familia y, rompiendo así los anillos cerrados de la carne y la sangre, salir a los caminos y plazas, para formar de todos los hijos *dispersos,* la nueva familia mesiánica de hijos de Dios, que «no nacen de carne y sangre sino de Dios» (Jn 1,13). Dicen los paisanos de Jesús: «¿No es este el hijo del carpintero y de María...?» (Mc 6,2-3). Aquellos judíos hablan de una clase de familia encerrada en los lazos de la carne y de la sangre y en unas seguridades humanas, y que ante la irrupción del reino de Dios han quedado obsoletas y no pueden mantenerse. En cambio, Jesús les habla de la nueva familia mesiánica. Para ello, Jesús salió a los caminos para anunciar que hay un solo Padre queridísimo, bajo el cual se debe formar y cobijar la nueva familia de los hijos de Dios.

A la propuesta que hace Jesús para que le sigan, le dice uno: «Déjame que entierre primero a mi padre». Jesús le responde de un modo tajante: «Deja que los muertos entierren a sus muertos» (Mt 8,22). Y en otra ocasión dice Jesús: «Quien quiere a su padre o a su madre más que a mí, no es digno de mí» (Mt 10,37).

Para pertenecer a esta familia mesiánica, sus discípulos hacen una ruptura radical de los bienes y hasta de su propia familia (Mc 3,34-35). Desde esa ruptura y centrando la vida y todos sus amores alrededor de Jesús y del Padre del cielo, se pueden recrear, purificar y sublimar los lazos y valores propios de la familia humana, que por naturaleza se mueve entre preferencias y egoísmos innatos.

María y la familia mesiánica. Jesús enseña a su madre que a Él mismo le ha de amar más por ser Dios que por ser el hijo de sus entrañas. Esto lo enseñó Jesús de palabra y de obra:

—Jesús, ya a los doce años, perdido y hallado en el templo, les había dicho a sus padres: «¿No sabíais que yo debo ocuparme de las cosas de mi Padre celestial?» (Lc 2,49).

—Jesús rompió los lazos de la carne y sangre al dejar a su madre querida, la cual es seguro que necesitaba —en el plano de familia terrena— de su compañía y de una ayuda económica; así, hizo de su familia según la carne, la primera familia mesiánica.

—En una ocasión le dice uno a Jesús: «Tu madre y tus hermanos te buscan»; entonces el Señor, mirando en derredor, dijo: «Quienes cumplan la voluntad de Dios, esos son mi hermano, mi hermana y mi madre» (Mt 12,47-50).

Pide a María que en tu familia, en tu grupo, en tu comunidad, se viva más y más ese sentido nuevo de familia de hijos de Dios.

La Virgen y san José adorando al Niño
GIAN FRANCESCO MANIERI (siglo XV)
Museo del Prado (Madrid)

54. Conflicto de esposos resuelto en el ámbito de la fe

*J*osé es esposo de María, pero no es padre de Jesús en sentido generador. Así lo afirma el mismo evangelio: «Desposada María con José, antes de cohabitar juntos, ella se encontró que esperaba un hijo por obra del Espíritu Santo» (Mt 1,18). Lo cierto es que el hijo de Dios ha tomado carne de María sin concurso de varón. Es el misterio de la encarnación del Verbo. Así estaba anunciado por los profetas: «Una virgen concebirá y dará a luz un hijo...» (Is 7,14). Todo esto provoca un conflicto entre los esposos. Y se provoca por el misterio, único e irrepetible en toda la historia humana, de una concepción misteriosa sin concurso de varón.

Silencio de María. María guardó silencio, y no por sometimiento a su esposo José, por humildad o temor, sino porque así lo juzgó conveniente, iluminada por la luz vivísima del Espíritu Santo y el poder del Altísimo, que inundó su mente y fecundó su vientre; por esta acción del Espíritu, que la situó en un plano más alto, se fió plenamente de Dios y juzgó que quien había empezado la obra la llevaría a buen fin. Por todo ello, decide guardar silencio, pues piensa que las palabras y explicaciones van a quedar insuficientes.

La duda de san José. El conflicto tiene su fundamento en la misma sustancia del hecho. La forma de generación carnal y humana se ha roto por primera y última vez en todos los siglos. José, aun en este embarazo que no entiende, sabe que no tiene derecho a pensar que su esposa dejara de ser santa y fiel. Mas lo que José ve con sus ojos, ante el silencio de su esposa, le ha creado el conflicto matrimonial interior que le intranquiliza y le llena de zozobra. No puede dialogar con su esposa en un nivel que no entiende. Ve claro, sin embargo, que no puede acusarla ni condenarla. Y como era justo, deja el juicio a Dios y decide dejarla en secreto.

Se ha instalado en el corazón de los santos esposos un sufrimiento hondo y terrible. Y entienden que ese conflicto sólo puede solucionarse en el ámbito de la fe, en el ámbito de la confianza plena en Dios y en la escucha de sus signos. Y efectivamente, el signo llega. Dios le dice en sueños a José: «José, hijo de David, no tengas miedo en recibir a María, tu esposa, porque lo engendrado en ella es obra del Espíritu Santo» (Mt 1,20). José entiende ahora que los conflictos de la vida de los esposos hay que solucionarlos en el plano de la fe.

La Sagrada Familia (c. 1550)
Maestro de Papagayo (siglo XVI)
Museo de Bellas Artes (Sevilla)

55. María, mujer libre

$\mathcal{S}$i la libertad consiste en la libre disposición de sí mismo, María es la mujer libre por excelencia. Y es así, a pesar de haberse comprometido y desposado con José, varón justo, en un proyecto singular de matrimonio.

- Es libre y muestra su libertad al decidir por ella misma su maternidad en la anunciación. Ella ni consulta a su esposo, ni se deja aconsejar de sus padres y parientes. Ella ha recibido una oferta de Dios, que escucha a través del ángel; y ella sola toma la trascendental decisión de colaborar al plan de Dios, el cual asume en toda lucidez y libertad entregando su persona en un «sí», que se extiende a toda su vida, y la constituye en la excepcional y del todo singular colaboradora en el orden de la salvación.
- Es libre para viajar a visitar a su prima santa Isabel (Lc 1,39-45). Es libre para quedarse tres meses sirviendo y acompañando a Isabel que iba a dar a luz; y todo ello sin que su esposo quisiera dominarla con el talante judío de varón y esposo patriarcal.
- Es libre para proclamar el Magníficat, como la *mujer nueva* que uniéndose al coro de los profetas, anuncia la nueva humanidad.
- Comparte también libremente con su esposo muchas decisiones de familia, como es —por ejemplo— el subir a Belén a empadronarse... Sin embargo, hay algún hecho en la vida de aquella sagrada familia en que la Virgen toma la iniciativa. Así lo podemos comprobar en la pérdida y hallazgo de Jesús en el templo.
- María no queda *sometida* —en sentido peyorativo de *esclavizada*— en las relaciones con su esposo; sino que, más bien, viviendo en el hogar esponsal, María encuentra la libertad que necesita al ser protegida por su santo esposo José en el doble sentido de apoyo y sustento humano y material, y para que Jesús no tenga el grave inconveniente de aparecer ante los ojos del mundo como hijo de soltera.

¿Eres tú —individualmente— una persona libre como María? ¿Socialmente, en el entramado de tus relaciones de familia, amistad, trabajo, etc., te esfuerzas en vivir la obediencia, la caridad y todo tipo de relación humana y cristiana en santa libertad, como María? ¿Entiendes la libertad desde Cristo y que, «para vivir en libertad, Cristo nos liberó»? (Gál 5,1).

La Virgen abrazando al Niño
GIOVANNI BATTISTA SALVI, «SASSOFERRATO» (1609-1685)
National Gallery (Londres)

56. Jesús en el templo: la prioridad espiritual de hijos de Dios

La historia (Lc 2,41-51). María y José, cumplidos los doce años, subieron con Jesús al templo de Jerusalén a celebrar la Pascua. Los niños podían hacer el viaje con otros niños, vigilados y conducidos por algunos mayores, o con su propia familia. Jesús se quedó en Jerusalén y sus padres no lo echaron de menos hasta después de una jornada de regreso. María y José buscan angustiados a Jesús y lo encuentran, después de tres días, en el templo. Al encontrarlo, sus padres se llenaron de alegría y quedaron *maravillados* por lo que oían y veían. En contraste, Jesús no dijo a nadie que estaba perdido, se mostró sereno, no se abalanzó a los brazos de su Madre, no les pidió perdón por la angustia y el sufrimiento que había ocasionado a sus padres.

Enseñanza de la prioridad espiritual de hijos de Dios. Jesús, quedándose en el Templo voluntariamente, enseña a su madre y a todos los hombres la prioridad de lo espiritual sobre lo carnal. Parecía como si la escena de la pérdida y hallazgo en el templo no fuera con Él y como si los lazos de la carne no le afectasen. Vivía lo que dice la palabra de Dios cuando afirma que *toda carne es heno* y *la carne no sirve de nada*.

María, al encontrar a su hijo en el templo, le dijo con cierto tono de represión: «Hijo, ¿por qué te has portado así con nosotros...?». A lo que Jesús respondió con autoridad y como ausente de todo afecto carnal, con palabras del todo inesperadas: «¿Y por qué me buscabais?, ¿no sabíais que debo estar en las cosas de mi Padre?» (Lc 2,49). María se quedó sorprendida, no comprendió bien el misterio y lo meditaba en su corazón.

Jesús había venido a romper los estrechos lazos del amor carnal y terreno y a introducir a los hombres en el mundo sobrenatural de la nueva familia de hijos de Dios. Su voluntad santísima y la gracia y vida divina de los hijos de Dios son lo primero (y lo único). Jesús sitúa a su Madre en unas fronteras de acción que no pueden ser rebasadas. María no puede acaparar a Jesús por ser la madre biológica.

En realidad le estaba avisando a su madre de una maternidad espiritual, que luego asumirá plenamente al pie de la cruz.

Medita qué te pide Dios a ti en tu vida, en la elección de vocación, sabiendo que, por encima de todas las razones humanas y lazos de carne y de sangre, está Dios, y has de hacer su voluntad —aunque no te agrade del todo— pues la carne (salud, parentesco, el estar instalado...) sirve de bien poco.

Jesús disputando con los doctores (1725)
G<small>IOVANNI</small> P<small>AOLO</small> P<small>ANINI</small> (1692-1765)
Museo del Prado (Madrid)

57. Bodas de Caná: oración de María

«Había una boda en Caná de Galilea, y la madre de Jesús estaba allí...»
(Jn 2,1-11).

La oración de María. Quizás María, al notar la necesidad de sus parientes y hacer su petición a Jesús, se quedó al nivel de una pura necesidad material de aquella boda aldeana. Quiso salvar a esos novios del ridículo y bochorno que les acarrearían los comentarios de la escasez de vino. Quiso remediar, en definitiva, una necesidad material y humana.

«No tienen vino», le dice a Jesús. María se percata de una realidad material y advierte de la escasez del vino. Jesús, en cambio, le contesta como Mesías: no ha venido a solucionar problemas materiales, sino a cumplir la misión del Padre, esto es, a introducir a los hombres en el banquete del reino mesiánico en el que hay un *vino que alegra el corazón del hombre* y un *agua que salta hasta la vida eterna* (Jn 4,14).

La mirada confiada y amorosa de su dulcísima madre consigue que Jesús coloque su petición dentro del plan de Dios y que acelere la *hora* de su manifestación mesiánica. Jesús, cuando las peticiones vienen motivadas por el amor y la misericordia, siempre está propicio a conceder lo que se le pide. La oración hecha así hace al hombre *omnipotente* ante la debilidad de Dios.

María, modelo de oración. María, cuando en el Magníficat ha de alabar a Dios, prorrumpe en una explosión de alabanzas y de palabras. Pero cuando hace la oración de petición (esta es la única oración de petición que aparece en el evangelio en boca de María) la hace escueta de palabras y con la misma sencillez con que manifiestan los niños las necesidades a sus padres. María hace su oración por los otros, movida por la caridad y misericordia hacia unos parientes en apuros. Hace la oración llena de confianza: «Haced lo que Él os diga». Hace la oración con la sencillez de un niño y con humildad, sin querer molestar a nadie. Insinúa con timidez. Le da el tono a su petición de reconocimiento de su impotencia, de que acudía a Él como única solución. Hace su petición sumisa y obediente: sea cual fuere lo que Jesús disponga. Y de esta obediencia y confianza contagia a los criados. Una oración así consigue lo que pide y más de lo que pide y a nosotros se nos alcanza, pues el Señor siempre da una medida *mecida y rebosante.*

Mira a María como perfecto modelo de oración cristiana.

Bodas de Caná (1495)
Fernando Gallego (1468?-1507)
Iglesia de Arcenillas (Zamora)

58. Bodas de Caná: María y el banquete mesiánico

*L*o que aconteció en Caná no fue el hecho simple y anecdótico de una boda aldeana y de unos novios poco previsores a los que se les soluciona un bochornoso problema material y humano, que surgió sobre la marcha, en el acontecer de un banquete. Fue mucho más. Pues en toda la escena late un riquísimo simbolismo de realidades plenificantes.

No siempre se ha leído este texto en la profundidad e inmensa riqueza que tiene. Casi siempre en predicaciones y en lecturas poco profundizadas, se habla del poder intercesor de María sobre Jesús para arrancarle un milagro; pero aunque esto sea verdad, ni María es el centro de la escena ni los novios de aquel banquete son lo central de la fiesta, sino que es Jesús el verdadero *novio* y *esposo* de otro banquete de orden superior simbolizado en esta boda aldeana.

A la petición que su madre le hace, Jesús responde: «Mujer, a ti y a mí, ¿qué? Aún no ha llegado mi hora». Ese «mujer» parece duro y poco atento con su madre. Pero sin duda Jesús está señalándole a su madre que, en lo que toca al reino de Dios y su manifestación como Mesías, su relación es diferente de la que un hijo mantiene con su madre en el orden biológico y puramente humano.

Y el giro «a ti y a mí, ¿qué?», está expresando un distanciamiento por la *diversidad* de miras y proyectos. María mira el solucionar un problema humano y material. En cambio, a Jesús no le interesa principalmente solucionar este problema, sino el banquete mesiánico y el anuncio del Reino.

Jesús le concedió a su madre más de lo que pidió y deseó; pues la excelente calidad del vino nuevo (el mejor regalo de Jesús y María a los novios), los efectos que produce en María (verdadera discípula entonces) y también en los discípulos —que quedaron radiantes de fe—, están evocando y haciendo presente el banquete mesiánico.

Hay un *signo* consistente en el cambio del agua en vino. Este hecho prodigioso, y la fiesta gozosa que proporciona y asegura, consigue que todas las miradas se vuelvan a Jesús y quedan radiantes todos, «creciendo la fe de sus discípulos en Él».

Todos nosotros estamos llamados a participar —al igual que María— en este banquete mesiánico: o bien *cooperando* a hacer presente el reino de Dios o bien *gozando* de la inmensa alegría que da el gustar de tanta riqueza como hay en la Iglesia, verdadero banquete mesiánico para los tiempos nuevos.

Jesús en las bodas de Caná
EL VERONÉS (Paolo Caliari, 1528-1588)
Museo del Prado (Madrid)

59. María impregnada de dolor durante toda su vida

María sufrió durante toda su vida porque conocía las profecías referentes a la pasión y muerte de su hijo (Is 53,1-5.7-10). Llevaba siempre clavado en su corazón:

- el recuerdo constante de que un día unos clavos *atravesarían* las tiernas manos del infante, a pesar de que pasaría por el mundo haciendo el bien *a manos llenas;*
- el recuerdo de que ese rostro hermosísimo de niño y de joven, y que ella besaba con infinita ternura, un día sería *abofeteado y escupido;*
- el recuerdo de que esos pies que tanto acariciaba y que recorrerían siempre los caminos de la obediencia a Dios, iban a ser *taladrados* con terribles hierros;
- el recuerdo de que esa cabeza abrazada y reclinada contra su pecho iba a ser traspasada por afiladas y punzantes espinas;
- el recuerdo de que aquel tierno infante, que recibía el alimento materno con tanta ternura y amor, un día bebería *el vinagre y la hiel* del dolor hasta la consumación;
- el recuerdo, siempre vivo en la vida de la Virgen, de que aquel cuerpo, *el más bello entre los hijos de los hombres,* sería un día *herido, golpeado, traspasado* con hierros de unos clavos y una lanza, y levantado en cruz con inaudita desvergüenza como *ajusticiado* y *desechado* de las gentes, a pesar de ser el cordero inocente y el salvador de los hombres.

Todo ello envolvía e inundaba a la Madre, tan delicada y piadosa, en una nostalgia de tristeza y amargura permanente.

«Una espada te atravesará el corazón...», le dijo a María el anciano Simeón. Confirmó lo que ella sabía por las profecías de Isaías sobre el *siervo de Yavé.* Ella ponderaría y meditaría todo aquello que le esperaba a su Hijo, y lógicamente, todo ello la tuvo a María, aún en medio de la paz y los gozos de Nazaret, en la nostalgia triste y dolorosa de la que sabe que al que es su entero amor, su Dios y la razón de toda su existencia, le espera al final un patíbulo y una cruz donde se consumaría la muerte más injusta y violenta.

Mira a María y contempla uno a uno sus dolores, y pídele sufrir con ella sus padecimientos por Cristo. Que tu vida sea acompañar a Cristo y a su Madre en el dolor siempre presente entre los hombres.

Siete dolores de la Virgen (1505)
Jan Joest de Calgar (?-1519)
Catedral de Palencia

60. Dolor de María en la vida pública de Jesús

¿Quién podrá medir el dolor que le causaría a María la despedida de Jesús cuando, dejando sola a su Madre, comenzó la vida pública?

Llegó para Miriam el triste día
de larga ausencia y despedida amarga;
Jesús, el hijo de su amor querido,
salió de Nazaret una mañana
el paso dirigiendo a las riberas
que del Jordán las aguas riegan[35].

Israel es pequeño y las noticias llegaban pronto. Hasta María llega la *mala prensa* acerca de Jesús. A María le duele la imagen equivocada, la *mala imagen* que la gente tiene de su hijo:

- es un embaucador, un endemoniado, un subversivo, un impuro que come con los pecadores, y a las prostitutas les ofrece el perdón y el reino de los cielos;
- se junta con gente *de mundo* y escandaliza a *guardadores* de la Ley al comer con los pecadores, no respeta el sábado y dice que primero es el hombre, enseña que hay que amar a los extranjeros y a los israelitas aunque no cumplan la Ley, proclama el amor a los enemigos y queda abolido el *ojo por ojo y diente por diente*;
- llama *Abba* (Padre) a Yavé, perdiéndole el respeto, y dice que Dios es Padre de los marginados, de los leprosos, de las prostitutas, y cuenta historias extrañas como la del «hijo pródigo»;
- está «ido» y enseña cosas duras y extrañas como que hay que comer *su carne;* se está jugando continuamente el *tipo*, hablando contra los abusos del templo y manteniendo un enfrentamiento con los dirigentes políticos y religiosos, llegando a llamar a los fariseos «raza de víboras» y «sepulcros blanqueados».

Todas esas noticias son una espada de dolor continua. Pero Ella sigue creyendo —ciega y fielmente— en su Hijo y en el Reino que predica. Y lo meditaba todo en su corazón. Hacía larga oración para que creyeran a su Hijo. Y sufría vivamente el rechazo a su Hijo.

Aprende a sufrir y dolerte de que Cristo no sea aceptado y, al contrario, sea perseguido. Como María, vive orando y sufriendo por Jesús y su Reino.

La Dolorosa (1665)
BARTOLOMÉ ESTEBAN MURILLO (1618-1682)
Museo de Bellas Artes (Sevilla)

61. María en la vía dolorosa

$\mathcal{E}$n el viacrucis, la tradición y piedad cristianas rememoran el encuentro de Jesús con su piadosísima madre. En medio del mar de dolores de Jesús no podía faltar el amor materno y compasivo de su dulce madre.

El dolor está presente en la vida de todos en mil formas distintas. La vida del hombre es un camino sembrado de cruces. Venimos con dolor a este mundo y nos vamos de este mundo dejando una estela de sufrimiento. Y entre el nacer y el morir transcurre nuestra vida, de la que dice san Agustín que es «muerte viviente» *(mors vitalis).*

Como en nuestra vida se da el día y la noche, así nuestra existencia transcurre entre luces y oscuridades. El dolor se presenta bajo mil formas distintas. Nos agobian dolores físicos y morales. Unas veces se les ve venir. Otras se presentan de improviso; el dolor unas veces viene inesperado y violento, en forma de accidente o de relación endurecida y difícil; otras veces viene destruyendo la paz del hogar o de la comunidad, o echando por tierra mil ilusiones y proyectos. Se presenta en la niñez y en la vejez, y también en la juventud. Nadie escapa de cargar con el *peso de la existencia.* Todos tenemos nuestra vía dolorosa. Necesitamos por ello el encuentro amoroso y dulcificador con la madre.

Un mismo dolor produce efectos dispares. Para unos, el dolor es el despertador que hace cambiar de rumbo y transforma la existencia en una vida más racional, o incluso lleva a vivir con pasión el amor evangélico. Para otros, el dolor endurece y envuelve en el terrible misterio de la duda, lleva al alejamiento de Dios y, acaso, al rechazo frontal, creyéndole a Dios autor directo de su mal. Y entonces sucede el caos, el terrible misterio, la angustia, el vacío, la muerte.

Cristo redimió el dolor y María es el rostro materno de Dios. Cristo penetró en esa maraña terrible del sufrimiento y se hizo solidario redimiendo todos los dolores. Por eso todo dolor merece profundo respeto. También el del ateo. En el dolor, Cristo anunció la salvación para todos. María acompañó a Cristo en sus dolores. Ella anuncia el rostro materno y misericordioso de Dios. El dolor en Cristo tiene un sentido. No es un absurdo cerrado. Si no, Dios no hubiera permitido que su hijo *bien amado* muriera en la cruz y su Madre bendita sufriera tanto.

Vive el dolor, tanto el del justo e inocente como el del pecador, con profundo respeto. Lucha contra todo dolor y llena de amor y esperanza al que sufre, y enseña a vivir el dolor en los brazos de Dios y en el regazo de María.

Camino del Calvario (Pasmo de Sicilia) (1517)
Rafael (Rafael Sanzio, 1483-1520)
Museo del Prado (Madrid)

62. María dada por Jesús como madre espiritual

> *«Jesús, al ver a su madre y cerca al discípulo que tanto quería, dijo a su madre: "Mujer, ahí tienes a tu hijo". Luego dijo al discípulo: "Ahí tienes a tu madre". Y desde aquella hora, el discípulo la recibió en su casa»* (Lc 19,26-27).

Desde ese trono de dolor y de gracia que es la cruz, Jesús nos dio a su madre como el regalo más grande después de la propia vida inmolada del Señor.

Testamento de Cristo: el regalo de su madre. Jesús —así lo ha visto siempre la tradición de la Iglesia— declara y deja como última voluntad de su testamento el que María ejerza de madre con Juan, el discípulo amado en el que ha visto siempre simbolizados a todos los hombres. Jesús, desde el trono de la cruz, confía a su Madre a todos los redimidos, para que ella realice los cuidados maternales con todos los llamados a ser hijos de Dios.

El «sí» de María incluye: el consentimiento en la encarnación, su acción maternal dispensada durante toda la vida de Jesús y especialmente junto a la cruz de su hijo, ofreciendo la víctima de salvación de los hombres en el ara de la cruz. Pero ese «sí» de la encarnación, de cuidados maternales en la vida privada, y de entrega maternal y martirial junto a la cruz de su hijo, ha de ser *continuado* —por decisión de Cristo— en la acción misericordiosa y maternal de María, ejercida primero con los hijos de la Iglesia naciente y continuada desde el cielo en el cuidado amorosísimo y maternal sobre todos los redimidos.

Acoger a María como madre. Juan la acogió en su casa. Todo hombre, por decisión testamentaria, ha de acoger a María por Madre. El discípulo, obediente a Jesús, acoge a María, la ama y la tiene como verdadera madre espiritual durante toda la vida.

«Ahí tienes a tu madre», le dijo Jesús a Juan, y en él a todos los hombres. Agradece a Jesús este don tan inmenso de María. Agradece a María tantos cuidados. Ámala cuanto puedas, pues por mucho que te excedas, todo es poco en su honor. Y acógela con amor fiel en tu casa, en tu grupo, en tu corazón. ¡Ahí la tienes a tu madre!

Crucifixión (c. 1510)
Discípulo de Rogier Van der Weyden
Museo del Prado (Madrid)

63. La fe de María en la noche del Calvario

¿Qué es la noche y para qué sirve la noche? San Juan de la Cruz habla de «noche» cuando Dios pone a un alma en tales aprietos y sufrimientos que ni el más santo se atrevería a escogerlos ni siquiera por amor a Dios.

Si Dios pone a las almas en vivencias tan dolorosas que son verdaderas «noches», y lo hace para purificarlas de las adherencias pecaminosas de los sentidos y fortalecerlas y confirmarlas en todas las virtudes, bien podemos decir que María no tuvo que purificarse de nada pecaminoso, pero sí fue puesta en la noche más oscura del espíritu para confirmarla en todas las virtudes en el grado más alto, y especialmente en las virtudes teologales de la fe, la esperanza y la caridad.

La noche de María. La barbarie de aquella tarde, las blasfemias, los insultos más atroces, la impía crueldad de la pasión y de la cruz, se cebó sádicamente en aquel mansísimo cordero que pasó por el mundo haciendo el bien, teniendo eco todo en el corazón de la Madre, tan delicada y sensible por otra parte.

Dice el sagrado texto que en aquel escenario de todos los horrores estaba la Santa Madre al pie de la cruz de su Hijo:

- aquel Hijo, que pasó por el mundo haciendo el bien, aparecía ajusticiado como un criminal, blasfemado, maldecido y odiado por todos;
- aquel Hijo profetizado salvador, hacedor de un reino sin fin, aparece con todas las señales de un iluso y un fracasado, pues el autor de ese reino estaba siendo aniquilado a fuerza de golpes;
- aquel Hijo que fue profetizado como Hijo del Altísimo, aquí en el Calvario ha sido parangonado con Barrabás y contado entre los malhechores y estimado en nada.

Tu noche y María. Si vives en un mar de sufrimientos, si un accidente te ha llevado los seres queridos, si la calumnia o la soledad te aplastan, si sufres duramente el agobio de la vida, acude a Santa María del Calvario. Ella estuvo firme al pie de la cruz y sabe de dolores... Te ayudará a vivir con calma y paz la terrible noche del dolor. Ella es Madre poderosa y misericordiosa. Acude a ella.

La Crucifixión
GERARD DAVID (1460-1523)
Museo Thyssen-Bornemisza (Madrid)

64. La Piedad

El pecado causa el dolor de Jesús y María. ¡Qué escena la de Jesús muerto en los brazos de su Madre! ¡Qué trato han dado los humanos al más bello de los hijos de los hombres! Observa cómo le entregan a la Santa Madre el sagrado cadáver del Hijo. ¡Está herido!..., ¡lleno de cuajarones de sangre!..., ¡sin figura humana!..., ¡deshecho de los hombres!...

Cristo ha sufrido el dolor de los hombres de todos los siglos y ha cargado con el mal del pecado de toda la humanidad. No tenemos sensibilidad ni pureza de corazón para vislumbrar hasta dónde llegó el sufrimiento de María. La liturgia pone en boca de María estas palabras:

> *¡Mirad y ved si hay dolor como mi dolor!*
> *¡Grande como el mar es mi dolor!*

Los artistas han traducido en bellísimos cuadros y esculturas esta escena denominada «La Piedad». Son ellos, los artistas, los poetas y los místicos, los que mejor pueden plasmar la amargura y el profundísimo dolor que produjo en María la contemplación del Hijo amado muerto, en su regazo.

La lucha contra el pecado. Mira en Cristo muerto la obra del pecado, y lucha sin cansarte contra tu pecado y el de todos los demás hombres. Todo pecado es un dolor de Cristo que tiene su eco en el corazón de su piadosísima Madre. Contempla a Cristo en brazos de María y entenderás el amor infinito del Padre, que nos entregó a su Hijo como propiciación de nuestros pecados y rescate de nuestra condena. Mira cómo el Hijo hizo la obra más grande de amor al darse a sí mismo por ti y no sólo plácidamente como en Belén, sino en el misterioso e inefable amor de una cruz. María está asociada al sacrificio de Cristo *com-padeciendo* y *con-sintiendo* en la inmolación de su Hijo, como víctima santa y cordero inocente.

No te canses de contemplar a Santa María en la escena inigualable de la Piedad. Ella sufre en su alma la muerte del Hijo y la muerte espiritual de otros muchos hijos.

La Piedad (1650-1660)
Jacob Jordaens (1593-1678)
Museo del Prado (Madrid)

65. La soledad de María

Jesús ha quedado en el reposo del sepulcro. María, en cambio, sigue sumergida en un mar de amarga soledad. No podía tener reposo ni descanso, separada como estaba del único amor de su vida, Jesús, su Hijo y su Dios.

Recuerdos de María. Al regresar del Monte Calvario con san Juan y unas piadosas mujeres, desandan el camino de la *vía dolorosa,* poblada de tantos recuerdos...

- Quizás miró de nuevo la cruz ensangrentada, aunque no necesitaba verla, pues la tenía muy grabada en su corazón. La vio como signo del infinito amor de Dios, llave del paraíso, verdadero *árbol de la vida* y remedio eficaz para vivir todos nuestros males.
- Recordaría seguramente el encuentro que ella tuvo con Jesús en la calle de la amargura.
- Besaría las manchas de sangre de la *vía dolorosa.*
- Recordaría las caídas: aquí la primera... y la otra... y la otra...
- Miraría el balcón de la ignominia del *ecce homo* y los palacios de Herodes y de Pilato.
- Y ahora, ya en su casa, a solas con sus recuerdos, pasó tres días en profunda amargura y contemplación; pero todo lo sufrió con la paz y serenidad de la mujer de fe que sabe que así ha sido la voluntad de Dios.

Soledad del mundo sin Dios y sin María. Mira la soledad del mundo sin Dios. Mira tantas soledades como se dan en el mundo. Si alguna vez puedes, es verdadero signo de devoción a María que acompañes la soledad de algún hermano.

Un hogar sin la madre no suele funcionar. La madre representa el don de sí, la ternura entrañable que llena todo y a todos de amor, el don de la religiosidad, la fidelidad...

Todo ello y mucho más es nuestra Señora de la Soledad. Con la madre, una familia camina... Con María, la madre del cielo, la familia cristiana camina... No se entiende muy bien una familia, un grupo, una parroquia, una comunidad, sin amor a la Madre del cielo.

La Dolorosa (1554)
TIZIANO (Tiziano Vecellio, c. 1487/1490-1576)
Museo del Prado (Madrid)

66. La etapa gloriosa de la Virgen en la tierra

En el tiempo que transcurre desde los abandonos y negaciones de los apóstoles, sólo María, la Madre Dolorosa, mantuvo firmísima la fe, viviendo intensamente la esperanza en la resurrección de su Hijo. Ella confió plenamente en que el mensaje predicado por Jesús no había caído en el fracaso, sino que un día produciría el fruto deseado.

De la fe inquebrantable de María nos habla el auto llamado *Lucero de nuestra Salvación:*

> *El día llegará*
> *en que Vos sola quedará*
> *entera toda la fe*[36].

En la piedad y la tradición popular encontramos afirmada firmemente la aparición de Cristo a su Madre como primera destinataria. El poeta Juan de Padilla lo canta así:

> *Y así es cierto de creer*
> *que a la Virgen sin pecado*
> *se debió de aparecer*
> *antes que a nadie, a mi ver,*
> *después de resucitado.*

> *Y pues nuestro Dios mandó*
> *honrar al Padre y la Madre,*
> *cierto es que lo cumplió:*
> *a su Madre se apareció*
> *por obediencia del Padre*[37].

El Hijo resucitado va primero a visitar a su Madre porque ella sufrió más que nadie. Se dice en una estrofa de *Las albricias de nuestra Señora:*

> *Y pues que fue en la Pasión*
> *mi Madre la delantera,*
> *sea en gozar la primera*
> *mi santa resurrección*
> *como madre verdadera*[38].

María, de la que después de la resurrección sólo tenemos los datos que nos dan dos textos de los Hechos de los apóstoles (He 1,12-14; 2,1-4), es seguro que vivió una vida llena de gozo y de consuelos del Señor, inundada con los dones del Espíritu Santo, alentando a los discípulos, aconsejando, orando intensamente en comunidad y a solas, participando en la fracción del pan y haciendo avanzar firmemente a la Iglesia.

Aparición de Cristo a la Virgen
Luis de Vargas (1505-1567)
Museo de Bellas Artes (Sevilla)

67. María y el Espíritu

La vida de María estuvo impregnada siempre por la acción del Espíritu y el don permanente de su presencia. Esa presencia activa del Espíritu tuvo tres momentos cumbres en la vida de María: la encarnación, los pasos iniciales de la Iglesia naciente y su asunción y vida glorificada.

María, la siempre dócil a la acción del Espíritu, fue como un templo permanente de su presencia.

- María, en la encarnación, fue cubierta por la *sombra* y la fuerza del Espíritu, el cual, una vez recibido el consentimiento de María, la hizo madre del Hijo de Dios altísimo.
- Ese mismo Espíritu acompañó siempre a María para que ejerciera perfectamente las funciones maternales con Jesús.
- Esta presencia *graciosa* y activa del Espíritu, y creadora de vida, condujo a María a ser *la creyente* que acoge la Palabra, la medita y adapta su vida a los planes de Dios en una obediencia perfecta.
- María, por la acción del Espíritu, estuvo *plena* de gracia, si bien (llena de gracia, hemos de entenderlo según el momento de su vida: inicial, final...). Ella fue creciendo conforme la acción de Dios le perfeccionaba con infinidad de dones, a los que correspondía plenamente identificándose más y más con el mismo Espíritu de Dios. Así lo manifiesta en el Magníficat cuando dice: «Proclama mi alma la grandeza del Señor... porque el Poderoso ha hecho obras grandes por mí...» (Lc 1,46-49).
- El Espíritu no sólo formó en ella la maternidad biológica, sino también la maternidad *espiritual* a favor de esa familia nueva mesiánica en la que María ejerce su poder con entrañas de amor y misericordia.

También en ti el Espíritu quiere hacer grandes obras, si te dispones a recibir sus dones como María.

La venida del Espíritu Santo
JUAN BAUTISTA MAINO (1578-1649)
Iglesia de San Jerónimo el Real (Madrid)

68. María, el Espíritu Creador y la Iglesia naciente

*E*n el Pentecostés de la Iglesia *naciente* estaba María recibiendo, a la par que los discípulos y las mujeres, la fuerza todopoderosa del Espíritu y la caridad entrañable y divina, significada visiblemente por las lenguas de fuego que se posaban sobre sus cabezas. Estaba sucediendo lo prometido por Cristo: «Vosotros en cambio seréis bautizados en el Espíritu Santo» (He 1,5).

Baret dice que la presencia y acción del Espíritu en María hay que interpretarlas en paralelo con el relato de la creación (Gén 1,2ss). En este texto aparece el Espíritu en su acción creadora, poniendo *orden* a las cosas. En la anunciación aparece el Espíritu realizando la *nueva* creación. En María, y por obra del Espíritu, después de la aceptación libre de ella, se da la encarnación del Verbo de Dios, que viene al mundo a través de María. Y por Jesús, se ha introducido en la historia la *nueva* creación.

En el principio Dios dijo en tono imperativo «hágase» y, sin consulta previa, el mundo fue hecho. En la anunciación es el mismo Espíritu el que, dialogando con María, le manifiesta su deseo y le ofrece el don de la maternidad; es decir, el nuevo proyecto de la recreación en Cristo al cual María se adhirió plenamente.

María acoge el deseo de Dios en ese «hágase». El «sí» de María se une a la acción del Espíritu en ese misterio de amor que es la encarnación; y comienza entre los hombres la andadura de la salvación. María no es un instrumento mudo o inerte que Dios emplease. Es persona *absolutamente libre* que, con pleno conocimiento y conciencia del proyecto de Dios, se identifica con sus planes.

Dice Xabier Pikaza: «El Espíritu hace a María madre del Hijo de Dios y María ofrece al Espíritu de Dios su vida humana para que a través de ella pueda surgir el mismo Hijo eterno dentro de la historia»[39].

Desde la venida del Espíritu Santo, María es el gran *documento* y testigo de Jesús en la Iglesia *naciente*. María, agraciada con la plenitud del Espíritu, comienza a realizar la función de caridad y unidad eclesial dentro de aquella comunidad primera de seguidores de Jesús, la cual, alentada ella, se mantiene fiel al Señor.

María no interfiere en la acción de los apóstoles, sino que en el olvido de sí y silenciosamente con la oración, con su caridad de hermana y de madre espiritual, y transparentando su vida la más fiel imagen de Jesús, se convierte en la gran fuerza que impulsa a la Iglesia naciente. Ella es la más dócil seguidora de la acción del Espíritu, el cual va conformando el modelo que la Iglesia ha de seguir en los tiempos venideros.

Venida del Espíritu Santo
JUAN DE FLANDES (?-1519)
Museo del Prado (Madrid)

69. Asunción de nuestra Señora

El 1 de noviembre de 1950, el papa Pío XII proclamó la definición dogmática de la Asunción de María. Dice así: «Después de haber implorado siempre y con insistencia a Dios y haber invocado al Espíritu de la Verdad, para gloria de Dios omnipotente..., anunciamos, declaramos y definimos que: la Inmaculada siempre Virgen María, terminado el curso de su vida terrena, fue a la gloria celestial en alma y cuerpo»[40].

¿Por qué y para qué María fue asunta a los cielos? Para buena parte de los santos padres, la causa fundamental de la Asunción de María es su maternidad divina. Y en razón de esa maternidad divina, para mejor cumplir la función de madre de Jesús, a María le fue concedido: el ser Inmaculada o preservada del *pecado original,* el estar siempre libre de cualquier pecado personal, la virginidad y el estar *llena de gracia* durante toda su vida terrena; y la Asunción es la consecuencia lógica de todos esos privilegios.

Ya María había triunfado de la culpa y del pecado, pero para el triunfo total y completo, y para ser configurada plenamente con Cristo, era muy conveniente que fuera agraciada con la resurrección gloriosa y ascendida a los cielos en cuerpo y alma sin haber conocido la corrupción del sepulcro. María fue llevada a los cielos en cuerpo y alma para que, *libre definitivamente de todas las limitaciones y ataduras de la vida mortal,* pudiera ejercer *sin ninguna traba* su función de Madre espiritual de todos los hombres. Inmersa en la plenitud del Cristo resucitado y glorioso, puede ejercer cumplidamente su función de Medianera de todas las gracias y ser en verdad *la omnipotencia suplicante* en favor de todos los hijos que se le encomendaron al pie de la cruz.

¿Qué me reporta a mí la Asunción de Nuestra Señora? La Asunción me reporta el que la Madre de Dios y Madre de cada uno de los hombres (la madre espiritual) se cuide con plena solicitud de mi bien espiritual y de mi salvación. Ahora, la Virgen María cumple plenamente la misión que su Hijo le confiara desde la cruz cuando, señalando a san Juan (y en él estábamos incluidos todos los hombres), le dijo: «Ahí tienes a tu hijo» (Jn 19,26).

Alégrate por este triunfo tan inmenso de la Madre de Dios y de tu propia Madre, asunta a los cielos para tu bien.

La Asunción
Francisco de Goya (1746-1828)
Iglesia parroquial de Chinchón (Madrid)

70. La Asunción y la Iglesia naciente

Dimensión personal y dimensión eclesial. La realidad de la glorificación de María, o lo que es lo mismo, la plena participación en la vida gloriosa de Cristo resucitado, se ha venido expresando en la Iglesia a través de un modelo escatológico, el de la *Asunción.*

No debemos ver en el hecho de la Asunción de María solamente un privilegio muy bello y prodigioso pero meramente *personal,* sino que lo hemos de contemplar inserto en la economía global de la salvación, con una dimensión *eclesial* que nos afecta a todos nosotros en el sentido de que, al haber sido glorificada María, ha quedado *liberada* de toda traba terrena y potenciada al máximo en orden a mejor ejercer su maternidad espiritual a favor de la Iglesia y de todos los hombres.

Y así como a Cristo lo sentimos cercano y viviendo como resucitado entre nosotros, del mismo modo a María debemos sentirla viva, cercana, amorosa y entrañablemente maternal, cuidando con solicitud plena el bien espiritual de la Iglesia y de todos y cada uno de los hombres.

María, en su Asunción, es figura de lo que la Iglesia está llamada a ser. La carta encíclica *Marialis cultus,* de Pablo VI, nos ofrece una visión global de la bella liturgia de la Asunción de María: «Es la fiesta del destino pleno, de la bienaventuranza y de la glorificación del alma inmaculada de María y de su cuerpo virginal y de su perfecta configuración con Cristo resucitado; una fiesta que propone a la Iglesia y a la humanidad la imagen y el documento (testimonio) consolador de la verificación de la esperanza final, ya que esta glorificación plena es también el destino de todos los que en Cristo ha hecho hermanos suyos, pues tiene con ellos en común la carne y la sangre» (MC 6).

El hecho de que una creatura humana, María, haya abierto el camino de los cielos, es prenda anticipada de nuestro destino final, y llena de consuelo el conocer anticipadamente la gloria que espera a la Iglesia. Pablo VI lo llama «documento». Por eso, viendo a la hermana y a la madre que nos ha precedido, la antífona de la misa de la Asunción dice con gran júbilo: «Alegrémonos todos». María no sólo es modelo de cómo debe ser la Iglesia, sino también de lo que la Iglesia está llamada a ser.

Mirando el fin que nos espera, sentimos como un espaldarazo muy fuerte para trabajar por el reino de Dios en esta vida, antesala de un mundo glorioso.

La Asunción (1636)
JUAN DEL CASTILLO (1590-1657)
Museo de Bellas Artes (Sevilla)

71. María, «la Reina Madre»

La Reina-Madre y el concepto «gebira». En la salve invocamos a María con el doble título de Reina y Madre. La realeza de María no es un episodio distinto de la Asunción gloriosa y plena glorificación con Cristo. La función que María ejerce desde el cielo como Reina y Madre tiene un paralelo bíblico en el concepto de *gebira.*

En la dinastía davídica, la «Reina Esposa» no era un cargo oficial. En cambio, sí era cargo oficial el de «Reina Madre» del Rey. Lo vemos en el libro primero de los Reyes (1Re 1,15; 2,18): Betsabé, siendo sólo *esposa* del Rey, se postra ante David. En cambio, una vez muerto David, al acercarse a su hijo Salomón, este se levanta, se postra ante ella y le pone en un trono a su derecha como Reina Madre *(gebira).* La Reina Madre no gobierna, pero intercede, suplica, expone los problemas ante el Rey.

María es la Reina Madre del único Rey que gobierna la Iglesia y el mundo. Es la Reina Madre que intercedió en Caná para acelerar y arrancar el primer milagro, y ahora intercede como verdadera *gebira* en favor de todos sus hijos.

Así ha entendido el pueblo creyente la intercesión de María, a la que en todo tiempo ha mirado como Reina poderosa y Madre entrañable. Pío XII proclamó a María *Reina.* Pablo VI, *Madre* de la Iglesia, y Juan Pablo II le da los *dos títulos* en la encíclica *Madre del Redentor.*

Omnipotencia suplicante. En el plan salvífico, dentro del cual hay que centrar la realeza de María, aparte de ser glorificada y plenamente configurada con Cristo resucitado y glorioso, significa que María tiene en los cielos un inmenso poder, toda la plenitud del poder posible en el orden de la gracia, para mejor servir a los hombres como intercesora, abogada y medianera de todas las gracias. Por ello, una vez glorificada, es llamada *omnipotencia suplicante.* Tal es el privilegio de esta realeza del todo singular.

¿Acaso hay alguno que habiendo acudido a María —como dice san Bernardo en la conocida oración «Acordaos...»— no ha experimentado protección o consuelo alguno? Si a la Virgen nada le negó Cristo en vida, mucho menos ahora en los cielos. Pídele *todo* a María, la Reina Madre.

Coronación de la Virgen (c. 1642)
DIEGO VELÁZQUEZ (1599-1660)
Museo del Prado (Madrid)

72. Reina y Madre de misericordia

*H*ay una leyenda en la ciudad de Segovia que expresa el amor de una madre, y en el caso de María se aplicaría para explicar ejemplarmente la misericordia de María. En síntesis dice así:

«Llegó un día en que dos hermanos, en sus diferencias, discutieron fuertemente. La madre intervino con su palabra intentando atraer a sus hijos al perdón y la paz. No lo consiguió: el menor, lleno de ira, se abalanzó con un puñal sobre su hermano. La madre, llena de reflejos y veloz, se interpuso entre sus dos hijos, pues no quería la muerte de ninguno de ellos. El menor, ciego de violencia, hirió con el puñal a su madre, que cayó muerta entre ambos. Y se hizo una montaña de separación, quedando el hijo menor en el lado de Madrid y el hijo mayor en el lado de Segovia, en la montaña que hoy se llama "la Mujer Muerta"».

El hijo menor es la humanidad, que con su pecado da muerte al hijo mayor. El hijo mayor es Cristo. La madre de los dos hermanos es María. El puñal del pecado que va dirigido al hermano mayor, también hirió a la madre en su corazón.

Un mundo lleno de miserias se acoge bajo el poder de María. El mundo está lleno de marginaciones, de miserias físicas y morales de todo tipo. Necesitamos por ello una reina que sea fiel reflejo de la infinita misericordia de Dios. María es esa reina y madre entrañable que se apiada de sus hijos en la vida y en la muerte. Así, el poeta J. Álvarez Gato escribe:

> *Dime, Señora, di,*
> *cuando parta de esta tierra,*
> *si te acordarás de mí.*

> *Cuando ya sean publicados*
> *mis tiempos en mal gastados*
> *y todos cuantos pecados*
> *yo mezquino cometí,*
> *si te acordarás de mí.*

> *Cuando yo esté en la afrenta*
> *de la muy estrecha cuenta*
> *de cuantos bienes y renta*
> *de tu Hijo recibí,*
> *si te acordarás de mí.*

> *En el siglo duradero*
> *del juicio postrimero,*
> *do por mi remedio espero*
> *los dulces ruegos de ti,*
> *si te acordarás de mí.*

> *Cuando mi alma cuitada,*
> *temiendo ser condenada*
> *de hallarse muy culpada*
> *tenga mil quejas de sí,*
> *si te acordarás de mí*[41].

Confíale siempre a ella tu vida, tu muerte y tu salvación.

Asunción de la Virgen (1663)
MATEO CEREZO (c. 1626-1666)
Museo del Prado (Madrid)

73. María, templo y morada donde se encuentra al Señor

El templo, en todas las religiones, y especialmente en la religión judía, tenía una importancia enorme. El templo es el lugar visible y sagrado en el que —se supone— la divinidad se hace presente de una manera especial para entrar en relación con el hombre, comunicándole sus arcanos y dándole la protección; y el hombre, desde el templo, le da culto y alabanza a Dios y le suplica sus favores.

El templo de Jerusalén lo era *todo* para los judíos; pero eso fue provisional, pues el templo material fue sustituido por el templo vivo del cuerpo de Cristo y por el templo espiritual que es su Iglesia: «Destruid este templo y yo lo reedificaré en tres días» (Jn 2,19).

También María es templo sagrado y morada santa porque llevó en su vientre y en su mente al Hijo de Dios, en quien siempre habita la plenitud de la divinidad. María es «templo santo para tu Hijo», dice la oración colecta de la misa denominada *La Virgen María, templo del Señor.*

«María —canta el prefacio—, por el misterio de la encarnación y por su fe obediente se convirtió en templo singular de tu gloria, Casa de Oro... con toda clase de virtudes, Palacio Real, Ciudad Santa, Arca de la Alianza» (todos estos títulos tienen un significado muy similar a templo).

El Señor bajó de los cielos al encuentro del hombre, y Dios quiso encontrarse con la humanidad en María, en su seno maternal. ¡Qué mejor marco de encuentro para manifestar el inmenso amor de Dios a los hombres! y ¡qué mejor acción de gracias —por parte de la humanidad— que ofrecer a María, la más santa y hermosa entre todas las mujeres, como primera morada y templo del Señor en la tierra!

A Dios se va por Jesús, pero sin el calor de María la búsqueda se hace dura y penosa. Además, María y Jesús están tan unidos... María está en la vida de Jesús como la aurora en el día, como el manantial en el riachuelo. Quien busca a Dios lo encuentra en Jesús. Quien busca a Jesús lo encuentra en María.

Como María, haz de tu vida un lugar acogedor, un templo donde Cristo sea acogido en el pobre, en el que peca, en todo hombre que sufre de muchas maneras y que siempre camina como errante peregrino por este valle de lágrimas.

Virgen con el Niño en la gloria
CARLO MORATTA (1625-1713)
Iglesia de San Jerónimo el Real (Madrid)

74. Si buscas al Hombre-Dios, siempre lo encuentras en María

*S*i buscas a un hombre «misterioso» y distinto a los demás:

— que vivió en un pueblo desconocido y de no muy buena fama,
— que grita la libertad a cada pueblo y a cada conciencia,
— que proclama felices a los desdichados y pobres de la tierra,
— que estima iguales todas las razas y condiciones,
— que es el ser-para-los-demás,
— que proclama la hermandad de todos los hombres,
— que dice que serán últimos los primeros y primeros los últimos,
— que consuela y comprende a los cansados de sufrir y de vivir,
— que proclama un amor cierto e incondicional a los que nadie ama,
— que habla continuamente de un Padre de los cielos que ama a todos,
— que manda amar a los *enemigos* si se quiere ser de los suyos,
— que habla de cultos *vacíos* si no hay solidarios compromisos,
— que es médico y salud de prostitutas y leprosos,
— que se retira las noches a los desiertos para hablar con Dios,
— que se atribuye poder para hacer de los pecadores hijos de Dios,
— que con un poco de pan y un poco de vino en sus manos hace maravillas,
— que se enfrenta con los abusos y negocios turbios del templo,
— que quiere instaurar un reino de gracia y misericordia en cada hombre,
— que predica la salvación y se presenta como único salvador,
— que es libertador de todo dolor y salva del pecado y de la misma muerte,
— que escandaliza frecuentemente con sus propuestas de seguimiento,
— que no tiene mujer, ni hijos, ni casa ni riquezas y vive de limosna,

a este hombre lo encontrarás en María. Ella transparenta toda la vida de Jesús. Si a María no se la entiende sin Jesús, a Jesús se le entiende mejor desde María.

Guirnalda con la Virgen y el Niño
DANIEL SHEGERS «el Teatino» (1590-1661)
Museo del Prado (Madrid)

75. María, tabernáculo sacerdotal

Dios no quiso acercarse a los hombres sin el hombre. Y lo hizo al hacerse hombre el Hijo de Dios tomando naturaleza humana, en el seno de María, por obra del Espíritu Santo. Allí comenzó la misión sacerdotal de Jesús.

En María, por Jesús, se hizo la paz, uniéndose lo divino a lo humano. El hombre pecador y caído necesitaba ser levantado y salvado a través de la misión sacerdotal de Cristo, único Mediador.

En María se tendió el *puente* desde la santidad infinita de Dios hasta el pecado de los hombres, cuando Dios se abrazó al hombre en la naturaleza humana de Cristo. En el seno de María comenzó el misterio del amor sacerdotal de Cristo.

María es santuario y madre de todo sacerdote
- porque constituida madre del único Mediador y Sacerdote que es Cristo, cabeza del cuerpo místico, se convierte a la vez en madre y modelo de todos los sacerdotes, y no sólo de los que participan del único sacerdocio salvador de Jesucristo en virtud del sacerdocio ministerial, sino de todos los que por el bautismo tienen el sacerdocio común de los fieles,
- porque se adhirió activamente a vivir la misión sacerdotal y mediadora de su Hijo Jesús,
- porque ejerció su intercesión mediadora en las bodas de Caná,
- porque recorrió con su Hijo el camino de la humillación y el anonadamiento de Jesús en la cruz. Jesucristo, para llevar a la consumación su sacerdocio salvador, entregó su vida cruentamente. María entregó su vida en el martirio de su corazón.

Si es más sacerdote el que más ama y sufre con Cristo, María es modelo consumado, maestra y madre espiritual de todos los sacerdotes, porque es la que más intensamente participó en el sufrimiento de Cristo unida a su santa voluntad.

En tu sacerdocio común por estar bautizado o si tienes el sacerdocio ministerial, mira a María como la más perfecta modelo de sacerdotes después de Jesús. No se pertenecía ni se reservaba nada para sí misma, sino que vivió volcada en los demás haciendo más eficaz la misión sacerdotal de su Hijo.

La Virgen de Foligno
RAFAEL (Rafael Sanzio, 1483-1520)
Museos Vaticanos

76. Pobreza de María

«He aquí la esclava *del Señor, hágase en mí según tu palabra»*
(Lc 1,38).

Cuando hablamos de pobreza, enseguida nos viene a la mente la carencia de bienes. La pobreza puede ser *involuntaria,* cuando las circunstancias y situaciones de la vida nos ponen en niveles de necesidad, y *voluntaria,* cuando uno se desprende libremente de lo que posee en razón de servir con más libertad a Dios y al prójimo.

Pobre es el que carece de bienes no sólo materiales, sino de todo tipo, como pueden ser intelectuales y humanos. Si uno no tiene bienes materiales pero tiene bienes intelectuales, o simpatías, o poder, o influencias... este no sería verdaderamente pobre. María fue pobre de bienes materiales y no se apegó a ningún afecto terreno.

María vivió una gran pobreza material. La casita de Nazaret (excavada en peñascos) era pobrísima, y los enseres y muebles —así como el taller de san José— eran muy elementales también. Esa situación de pobreza trajo a la Sagrada Familia muchas privaciones y no pocos menosprecios. En Belén no hubo lugar para ellos, ni en la posada ni entre los parientes, porque un pariente pobre es siempre un pariente *lejano.* En la Presentación en el templo, María hizo una ofrenda propia de pobres. Si Jesús predicó que los pobres son bienaventurados (y Jesús predicó lo que vivió), es seguro que aquella santa Familia vivió en gran pobreza material.

María vivió la pobreza de espíritu. La verdadera virtud de la pobreza consistiría en no poner las riquezas en el alma ni el alma en las riquezas, sino sólo en Dios.

La Virgen María, ya en la encarnación y después de ella, no sólo no tenía riquezas, sino que incluso se había desprendido de sí misma ofreciéndose como la humildísima *sierva* del Señor para toda la vida. Al quedar *vacía* de bienes y apegos, y hasta de su propia libertad, había quedado henchida de la plenitud de Dios y su gracia. Dice san Juan de la Cruz que cuando Dios se encuentra con un alma vacía y pobre se precipita a llenarla con su gracia.

Contempla a María y, al compararte con ella, descubrirás tus apegos a las riquezas, los honores, el poder... que te roban a Dios del alma, te restan libertad, no te permiten hacer un apostolado eficaz y te alejan del camino de la santidad.

La Virgen con el Niño
LUIS DE MORALES (c. 1500-1586)
Museo del Prado (Madrid)

77. María, la mujer pobre

«Conviene que Él crezca y yo disminuya» (Jn 3,30), decía el Bautista, queriendo situarse ante Cristo en la realidad de su pobreza.

María aparecía sin relieve y sin ningún brillo, como la mujer pobre de un artesano humilde. Vivió, en exquisito servicio, las permanentes *disminuciones* que le traía su vida de entrega.

- Cuando alguien ensalzó a su Madre, Jesús, como si aparentemente Ella no le importara nada, dijo: «¿Y quién es mi madre?» (Mt 13,48), como afirmando claramente que hay algo que Él prefiere a su madre carnal, y es a todo aquel que hace su voluntad...
- Aparece María en la Escritura en un gran silencio. Son pocos los textos que hablan de la Virgen. San Pablo, en sus cartas, solamente hace una alusión a María, cuando dice: «Nacido de mujer» (Gál 4,4).
- En la cruz, María aparece como la madre de un criminal ajusticiado.
- Después de la resurrección, María queda en el silencio. Sólo sabemos de un texto en los Hechos de los Apóstoles (He 1,14) en el que se nos dice que asistía a la oración en compañía de los apóstoles y de algunas mujeres.
- María, la pobre por antonomasia, en el Magníficat acoge y resume todas las aspiraciones de los pobres: «A los hambrientos el Señor los colma de bienes...» (Lc 1,53). Hace suyos los deseos y la misma acción de Dios en favor de los humildes y menesterosos.

Mirando al mundo, bien podemos decir que la desnudez de los pobres podría ser vestida con los adornos sobrantes de los ricos y poderosos. Y lo que para los ricos es superfluo, debería servir para cubrir las necesidades de los indigentes. Sin embargo sucede al contrario, que lo necesario de los pobres sirve para el lujo y lo superfluo de los ricos y hacendados.

El dinero y las riquezas, amasados con avaricia y tomados como meta y pasión de la vida, alejan de Dios, nos atrapan y esclavizan como un dios tirano, haciéndonos orgullosos y prepotentes y creándonos toda clase de esclavitudes.

El amor a María y el compararte con ella, te descubrirá los apegos y esclavitudes a que te conducen las riquezas. Ella te ayudará a desprenderte de cantidad de bienes en favor de los pobres y a saber vivir gozoso en la sencillez y uso sobrio de los bienes, para así mejor acceder a la inmensa riqueza y plenitud del Dios que se asienta en el corazón de los pobres.

La Sagrada Familia (1618-1628)
Jacob Jordaens (1593-1678)
Museo Thyssen-Bornemisza (Madrid)

78. María y los pobres

Cito las palabras de san Juan Crisóstomo, que son una explicación ardorosa y fuerte de las palabras «tuve hambre y no me disteis de comer...» (Mt 26,42):

«¿Deseas honrar al cuerpo de Cristo? No lo desprecies, pues, cuando lo contemples desnudo en los pobres, ni lo honres aquí, en el templo, con lienzos de seda, si al salir lo abandonas en su frío y desnudez. Porque el mismo que dijo: "esto es mi cuerpo", y con su palabra llevó a la realidad lo que decía, afirmó también: "tuve hambre y no me disteis de comer", y más adelante: "siempre que dejasteis de hacerlo a uno de estos pequeñuelos, a mí en persona lo dejasteis de hacer". El templo no necesita de vestidos y lienzos (mantos y joyas) sino pureza de alma; los pobres en cambio, necesitan que con sumo cuidado nos preocupemos de ellos.

Tú debes tributar al Señor (y a la Virgen) el honor que él mismo te indicó, distribuyendo tus riquezas a los pobres.

No digo esto con objeto de prohibir la entrega de dones preciosos para los templos, pero sí que quiero afirmar que junto con estos dones y aun por encima de ellos, debe pensarse en la caridad para con los pobres. Porque si Dios acepta los dones para su templo, le agradan, con todo, mucho más las ofrendas que se dan a los pobres...

¿De qué sirve adornar la mesa de Cristo (y las imágenes) con vasos y joyas de oro, si el mismo Cristo se muere de hambre...?» *(Homilía 50, 3-4).*

Al ver cómo las gentes, llevadas de su gran devoción a María, se vuelcan en regalos de valiosos mantos y joyas en los santuarios de nuestra Señora, que estas palabras de san Juan Crisóstomo sirvan para seguir haciendo esto pero sin dejar jamás de hacer aquello, esto es, el compartir generosamente los bienes con los necesitados.

Nuestro cristianismo consiste fundamentalmente en *vivir solidarios, no solitarios.* Y vivir solidarios, en cristiano, es compartir lo que somos y tenemos.

Lo que más le agrada a María es que vivas abierto a la misericordia, al compromiso con los hambrientos y toda clase de sufrientes y necesitados. Sin ser así, no podrás ser verdadero *devoto* de María.

La Virgen y el Niño con san Juan
BERNARDINO LUINI (1480/90-1532)
National Gallery (Londres)

79. La cultura del amor

El amor es, fundamentalmente, una actividad de la voluntad; un poder del hombre que se hace realidad cuando esa potencia o facultad se proyecta (ejerciendo la capacidad de amar) sobre una persona o un objeto.

El amor transforma al que ama según el objeto o la persona amada. Así, quien ama el mal y el pecado se convierte en pecador y maligno; quien ama a Dios se convierte en hijo de Dios; quien ama al prójimo, según Dios, se convierte en hermano. Se da el amor:

a) de «concupiscencia», cuando se busca el bien para sí mismo egoístamente;
b) de «benevolencia», cuando se ama buscando el bien del otro;
c) de «amistad», cuando al amar, buscando el bien del otro, se crea una corriente de amor recíproco de dar y recibir. Es el *más perfecto*. Al amar, pone en movimiento el amor del otro: amar y ser amado.

El amor crece y se hace más puro y profundo con el ejercicio cada vez más intenso de la caridad. Para crecer en el amor, es imprescindible que nuestros actos de caridad de hoy superen los de ayer. Sin este «ir a más» de todos los días permaneceremos anquilosados.

«Ama y sacarás amor», dice santa Teresa de Jesús. Ejercitándonos en el amor, aprenderemos a ser cristianos y a vivir.

Son muchos los matrimonios fracasados y desunidos porque pensaron que el primer enamoramiento bastaba para convivir felices toda una vida. No cuidaron día a día el mutuo amor. Y entonces, cuando pasó la ilusión *momentánea*, la monotonía y la falta de espiritualidad desembocaron en la ruptura de una unión que se había calculado *feliz* hasta la muerte.

Afortunadamente existe una persona llena de fuerte atractivo, electrizante..., irresistible... Esa persona sencilla y a la vez deslumbrante, en quien Dios volcó toda su sabiduría y amor, es *María*. Por eso, se puede decir sin exagerar: «De *María* nunca es bastante». O, como decía san Juan de Ávila, «mejor quiero estar sin pelleja que sin amor a María».

La Virgen y el Niño en un trono con ángeles
Jerónimo Jacinto de Espinosa (1600-1667)
Museo del Prado (Madrid)

80. María y el amor

*E*xiste en Tenerife un crucifijo sin una mano, con un letrero debajo que dice: «Tú eres mi brazo y mi mano». Está significando que la infinita caridad de Cristo necesita del esfuerzo y amor de las personas para suplir la mano que a Él le falta. También se encuentra en Chialandari, en el Monte Athos, un icono de la Virgen con tres manos. Es simbólico. María, con su triple mano tendida, expresa plásticamente el infinito amor de Dios, el cual se derrama a raudales a través de las tres manos de su Madre.

Jamás debemos olvidar el inmenso poder que tiene el hombre cuando ama. Jesús nos enseñó que el talante del amor es lo específico por lo que nos reconocerán como discípulos y seguidores de Jesús. María cumplió el precepto del amor en el grado más alto. Los santos, por actos heroicos de amor incondicional al prójimo, llegaron a la santidad. Incluso nuestro refranero, y personas de toda condición, a través de la historia, dijeron las palabras más bellas sobre la excelencia y poder del amor. Tratamos de reproducir algunos de sus dichos famosos, aunque sin expresar su procedencia:

- «El amor es tu peso»; «tanto vales cuanto amas».
- «La caridad es el océano donde nacen y desembocan las demás virtudes».
- «El único templo verdaderamente sagrado es una reunión de hombres convocados por el amor».
- El amor es rey y reina sin ley». Es parecido a la frase de san Agustín: «Ama y lo que quieres, haz».
- «El amor es como una escalera de oro por la que el corazón se remonta a los cielos».
- «El que no sabe amar no sabe vivir».
- «El cielo lo hace Dios y la plenitud de la vida la hace el amor».
- «Con el amor al prójimo, el pobre es rico; sin el amor, el rico es pobre».
- «Un alma que ama y sufre por el amor, es sublime».
- El himno a la caridad de san Pablo (1Cor 13), expresa exhaustivamente lo que es el amor: «Si no tengo amor nada soy».
- Y un crucifijo es la expresión máxima del amor y poder de Dios, porque Cristo no pudo hacer una obra de mayor caridad que el dar la vida por el hombre pecador.

Santa María, Madre del amor hermoso, concédeme la gracia de imitarte y que mi vida sea corazón y mano abierta hacia todos mis hermanos los hombres.

Sagrada Familia «Virgen de las uvas»
GERARD SEGHERS (1591-1651)
Santa María de Mediavilla (Medina de Rioseco, Valladolid)

81. María y el poder del amor

La vida sin amor no es nada, no sirve para nada. Es como un jardín sin agua y sin flores, como un cuerpo sin alma. El amor es inmortal y, en cambio, el odio es la muerte a cada instante. Los mandamientos se reducen también al amor: «Amarás a Dios sobre todas las cosas y al prójimo...».

Como en la tarde de la vida el Señor nos juzgará de amor y el juicio final será esencialmente un examen sobre cómo fue nuestro amor, queremos invitar a este deporte tan saludable del ejercicio de amor. El padre capuchino Ignacio Larrañaga lo llama el deporte del amor. Dice: «Alguien te ha insultado, te ha traicionado, te ha calumniado: no importa. Mira al Señor y luego concéntrate, tranquilízate, dedícate a amar a esa persona, a trasmitirle ondas amatorias, a envolverlo, mental y cordialmente, en ternura y cariño. Sin hacer caso del amor herido, envíale tu corazón y tus entrañas, traspasados de amor por él. Es un deporte muy evangélico. No hay una terapia tan liberadora como esta. Vale la pena hacer la prueba»[42].

Muchos dichos y refranes, que reflejan el sentir del pueblo, han expresado la inmensidad del poder y la fuerza del amor que está en las manos del hombre:

— El imposible mayor lo vence el amor.
— El amor es la llave que todo lo abre.
— De igual modo que una vela enciende otra y así llegan a brillar millares de ellas, así enciende un corazón a otro y se iluminan millares de ellos.

Cuando Vinoba, el gran discípulo de Gandhi, recibía amigos en su casa, nunca cedía el honor de preparar la comida a los invitados. Un día le preguntó Gandhi cómo se las arreglaba para preparar los platos más sabrosos. Y, sin darle tiempo para contestar, adelantándose el mismo Gandhi a la respuesta de su pregunta, dijo: «Quizás porque cocinas para nosotros como si mandases un mensaje de amistad, como quien realiza un acto de culto»[43].

No es difícil imaginar el gran amor con que la madre de Jesús haría las actividades caseras y con qué delicadeza serviría a Jesús y a san José. María había entendido que Jesús no era de su propiedad (a diferencia de lo que piensan muchas madres), sino de todos los hombres, y por ello se dedicó a mostrarlo a los pastores, a los Reyes, al anciano Simeón, y ella misma le preparó a Jesús su salida a la vida pública.

Siguiendo el ejemplo de María, dedica tu entera existencia a vivirla y entregarla con gran amor.

La Virgen y el Niño con san Juan y santa Ana
AGNOLO DI CÓSIMO MARIANO BRONZINO (1503-1572
National Gallery (Londres)

82. María y la humildad

$\mathcal{L}$a humildad es una de las virtudes que son fundamento de toda vida espiritual. La humildad, si es tal, conlleva también la caridad; y por otro lado, nos inclina a moderar el apetito desordenado de la propia excelencia, dándonos el justo conocimiento de nuestra pequeñez y miseria, especialmente con relación a Dios. Cuanto más uno se abaja y sirve, más se engrandece.

San Bernardo nos habla de tres grados de humildad:

1) *humildad suficiente:* someterse al mayor y no preferirse al igual;
2) *humildad abundante:* someterse al igual y no preferirse al menor;
3) *humildad sobreabundante:* someterse al menor.

María fue siempre humilde y dulce, no tuvo nunca entre sus planes —ni sospechó siquiera— la posibilidad de llegar a ser Madre de Dios. Al ser tan humilde, siempre estuvo llena de dulzura y mansedumbre. Acaso Jesús aprendió primero a ser manso y humilde en la fuente de su propia madre. Jesús fue un modelo que primero copió de su madre, y luego Él se propuso como ejemplo cuando dijo: «Aprended de mí, que soy manso y humilde de corazón» (Mt 11,29).

El poeta segoviano Rafael Matesanz canta la sencillez de María en este hermoso poema, titulado «María, Virgen sencilla»:

Sencilla como el agua de la fuente
que fluye blancamente de la nieve.
Silencio de cristal sencillo y leve
que transparenta verso confidente.

Así te quiso Dios: sencillamente
abierta a su sonrisa larga y breve.
Porque Dios, tan humilde, no se atreve
a nacer y vivir altivamente.

Así te quiso Dios, porque su norma
es tallar corazones con su forma
de amar en sencillez superlativa.

Por eso te miramos y nos llenas
del mismo Dios que corre por tus venas,
porque tu luz sencilla Le cautiva[44].

Trata tú de copiar esos mismos rasgos de humildad y sencillez que Jesús tanto admiró en su propia Madre.

El Descendimiento (c. 1772)
GIAN DOMENICO TIEPOLO (1727-1804)
Museo del Prado (Madrid)

83. María y Jesús forman un modelo perfecto de humildad

Jesús practicó la humildad en grado sublime e infinito. Todos los hombres, instintivamente, miramos hacia arriba, nos fijamos en el que está encumbrado, en el sabio, en el elegante, en el poderoso... Sólo Jesús miraba siempre hacia abajo y muestra su humildad:

a) *En la vida oculta.* Jesús nace pobre en Belén, en medio de la noche, como un marginado. En Nazaret lleva una vida silenciosa y oculta. Es un obrero aldeano que no dejó traslucir nunca un solo destello de su divinidad.

b) *En la vida pública.* Escoge discípulos incultos, prefiere a los niños, vive rodeado de pecadores, enfermos, afligidos y toda clase de marginados. Predica que el que se hace pequeño como un niño es el más grande en el reino de los cielos (Mt 18,4).

c) *En la pasión.* En su santa pasión y muerte se anonadó a sí mismo; apareció sin figura humana, como un gusano deshecho de los hombres, estimado en nada...

d) *En la eucaristía.* Ahora, en la eucaristía, Cristo vive en el más profundo silencio y ocultamiento. En la cruz estaba oculta la divinidad, pero aparecía la humanidad sacratísima de Cristo. En la eucaristía está oculta la divinidad y hasta la misma sagrada humanidad del Señor.

María practicó los más altos ejemplos de humildad. María es modelo acabado de humildad. Siempre vivió en actitud de humilde sierva del Señor. Dijo una sola vez en la encarnación: «He aquí la esclava del Señor», pero vivió todos los días de su vida esa actitud de servidora humilde.

Llamados a imitar la humildad de Jesús y de María. El cristiano, cuanto más profundiza en la consideración de su propia pequeñez y de su propia nada, más crece en santidad. Sucede como con el árbol, que cuanto más hunde sus raíces dentro de la tierra, más crece hacia lo alto y mejores frutos da. Si se cumple que los que son pequeños como los niños (Mt 18,4) serán los más grandes en el reino de los cielos, hemos de concluir que el *recaderillo*, todos los humildes y sin relieve se sentarán en tronos en preferencia a los *figurines* de este mundo. Los que menospreciaron a los *sin relieve* serán confundidos.

Imita a Jesús y María en su santa humildad y pide siempre esta virtud que *roba* el corazón de Dios, pues Dios siempre da su gracia a los humildes.

La Asunción (1590)
ANNIBALE CARRACCI (1560-1609)
Museo del Prado (Madrid)

84. La discípula obediente que acoge la palabra del Señor

¿Qué relación medió entre María y Jesús durante el período de la vida pública del Señor?

Siempre y por encima de todo, se ha mirado a María como Madre de Jesús; y no pocas veces quedándonos casi solamente con el dato biológico de su maternidad. Hoy está apareciendo una nueva concepción acerca de María en la teología y en la liturgia. Junto a la maternidad biológica y espiritual, aparece María como la *creyente* y la perfecta *discípula*. Es la nueva sensibilidad de nuestro mundo que se entusiasma contemplando a María como la perfecta *seguidora* y obediente *discípula* que acoge sin reservas el mensaje del Señor.

La base bíblica de lo que decimos hay que buscarla en el pasaje en que Jesús alaba a María, no tanto por su maternidad cuanto por su fe en acoger la palabra de Dios y ponerla en práctica (Mc 3,31-35).

María perteneció —según el evangelio de Lucas— al grupo de los discípulos que habían creído en Él pero se quedaban en su casa, en su pueblo. A este grupo, por ejemplo, pertenecen Zaqueo, y también Marta con María y Lázaro, que eran grandes amigos de Jesús y de sus discípulos. También pertenece a este grupo el mismo José de Arimatea, que esperaba el reino de Dios.

El segundo grupo era el de los que seguían materialmente las andanzas del Señor. Para pertenecer a este grupo necesitaban ser llamados. Jesús —dice el evangelio— «llamó a los que quiso».

En su casa y desde su casa, María formaba la reserva espiritual de los discípulos con su oración, su acogida y proclamación, entre los vecinos, del reino y los hechos de Jesús.

Me imagino que María —que seguiría atentísimamente la trayectoria de los hechos y vida de Jesús— estaría bien informada de las noches que pasaba en oración; y ella, como la perfecta *discípula*, aprendió de su hijo a vivir los días y las noches en ambiente de oración, en favor de la causa del Señor.

Contempla e imita a María. Ella es la madre espiritual de la Iglesia, porque es la mujer de fe y la perfecta discípula que acoge sin reservas la palabra de Dios y la cumple.

La Asunción
JUAN ALFARO (1640-1680)
Iglesia de San Jerónimo el Real (Madrid)

85. Mujer de fe en todos los acontecimientos

El Concilio dice que María avanzó en el camino de la fe. Esos caminos se presentaban a María muchas veces envueltos en oscuridad, confusión, sorpresa y perplejidad. No es cierto que María tuviera revelaciones infusas y el conocimiento y la interpretación profunda de los hechos. No es cierto tampoco que María lo supiera todo desde el principio.

A María no se le dieron acabadas y aclaradas todas las cosas. No sabía de su hijo lo que nosotros sabemos ahora. Tuvo que ir descubriendo los caminos de Dios en la escucha y meditación de la Palabra y en la interpretación de los signos que aparecían en cada acontecimiento.

María lo guardaba todo y lo meditaba en su corazón:

— *Simeón* le anuncia que una espada le traspasaría el alma y que su hijo sería signo de contradicción, y esto nubla el gozo de su paz al recordar permanentemente lo que le espera a su hijo; por ello, ha de hacer continuas aceptaciones y actos de fe.

— *La huida a Egipto*, el natural temor a los secretos designios del tirano Herodes que busca a su hijo para matarlo, su precipitada huida, el duro viaje, el idioma extranjero, el regreso..., y mil cosas más, son un permanente ejercicio de fe para María.

— Y *la monotonía del vivir diario*... Un día y otro día, un año y otro año, y así sin señales especiales hasta los treinta años. Ella se preguntaría: si mi hijo es el Salvador, cuándo y cómo se mostrará como el *enviado*, el Mesías esperado. Ninguna señal en largos años. Dura monotonía. Realmente todo esto fue para María un permanente ejercicio de fe.

— También en la *vida pública* le llegan noticias a María de la radicalidad del mensaje de su hijo, y la no aceptación por muchos que le persiguen y le traicionan, empezando por los de su pueblo. María va viviendo, en la oración continua, la más plena adhesión a la obra de su Hijo. Ella vive la espiritualidad de los *anawin* (así se denominaba a los pobres en Israel) en los terribles acontecimientos de la pasión y muerte, al igual que en la espera segura de la resurrección. Es la pobre de Yavé. Nada tiene, nada sabe y poco puede. Por ello, su única defensa es Dios. Se fía de Dios plenamente. Y sabe que el Todopoderoso tiene siempre la última palabra. Por eso María, siempre invencible en su fe, es una invitación a vivir con una fe y confianza plenas en el Señor providente y todopoderoso.

El Niño Jesús dormido sobre la cruz
Francisco de Zurbarán (1598-1664)
Museo del Prado (Madrid)

86. Santa María, modelo perfecto de relación con Dios

«Dijo María: "Aquí está la esclava del Señor, hágase en mí según tu Palabra"» (Lc 1,38).

$\mathcal{S}$oy muy poca cosa, o mejor nada, para intuir desde la luz de la fe la prodigiosa e inefable maravilla que tú eres, Señora de nuestras vidas y excelsa Madre de Dios. Si la relación es cercanía, intimidad y comunión en el amor, nadie como tú, Señora, es modelo de la más perfecta relación. Pues fuiste entrañable santuario de Dios al encarnarse en tu seno durante nueve meses. Mas no sólo estuvo Jesús en tu vientre sino que tú lo adoraste, con amor inefable, en tu mente y en tu corazón.

Tú viviste, como ninguna otra madre de la tierra, el gozo inmenso de la Navidad del hijo, aunque sufriendo las carencias de la pobreza tan grande que acompañó el acontecimiento de Belén.

Tú le trataste como Dios y como hijo durante treinta años, en el cobijo de Belén y en el dulce hogar de Nazaret. Y luego, en la vida pública y en la pasión y resurrección, tu relación con Jesús, probada en las grandes pruebas de la fe, llegó a la transformación más alta que se pueda dar en la tierra. Dios quiso ser huésped de los hombres y tú fuiste la primera en ofrecerle la casa y morada de tu vientre al decir: «Hágase».

Tú guardaste en tu corazón el secreto inefable del misterioso embarazo y quedaste en silencio (¿quién te iba a creer esa increíble noticia?), aunque tu prometido esposo tuviera que decidir abandonarte en secreto.

Tú sufriste, hasta lo incomprensible, la mortal persecución y el obligado destierro del Niño más inocente. Y en la monotonía de los treinta años de Nazaret, rodeaste de exquisitos cuidados maternales al que era tu Dios y tu hijo. Y sufriste con paz, al igual que tu esposo José, la angustia del extravío de tu hijo Jesús en el templo de Jerusalén.

Tú le debías a Dios el ser madre y Él te debía a ti el ser hijo; y a tu petición, Cristo regaló a los invitados un sonoro milagro en las bodas de Caná. Tú meditabas en tu corazón las noticias que te llegaban de tu hijo, durante los años de la vida pública.

Llegaron los últimos días: los del dolor y la cruz. Tú permaneciste *en pie* no sólo las tres horas de la cruz, sino los tres días de la pasión de Cristo. Y como nadie gozaste con la resurrección de Jesús. Y por el testamento de Cristo, asumiste obediente y humilde la encomienda más difícil, pero siempre esperanzada y gozosa a la vez, de cobijar a nuevos hijos de la Iglesia y del mundo, hasta el final de los tiempos.

Concédeme, oh María, el mirarte como modelo de la relación con Dios[45].

Virgen con el Niño y san Juan niño
LUCAS CRANACH (1472-1553)
Museo del Prado (Madrid)

87. La Virgen en oración

La oración es el encuentro de dos interioridades en la fe y el amor. En este encuentro se establece una corriente alterna de amar y sentirse amado.

María fue muy rica en vida interior. La oración meditativa poblaba su alma de armonía y belleza interior. Dios se manifestaba a María, en el silencio meditativo, como huésped y amigo.

¿Qué se ha de buscar en la oración?

La oración es encuentro con un Tú. Generalmente *encuentro amoroso y sosegado.* El fin de la oración, que es encuentro con Dios y nos debe llevar a la adoración, produce tres admirables efectos:

- un conocimiento sapiencial de Dios;
- un encontrarse consigo mismo y conocerse a sí mismo y el mundo que nos rodea («que te conozca a ti y que me conozca a mí», decía san Agustín);
- el encuentro en fraternidad con el prójimo (esto último en todo caso es signo inequívoco de que ha habido encuentro verdadero con Dios).

¿Cómo prepararse para la oración?

- Haciendo silencio *interior,* que es como el templo donde se da la oración. Y el silencio interior requiere a su vez el silencio *exterior.* Para ello es necesario cerrar las ventanas del alma que son los sentidos exteriores, controlar la fantasía y sujetar las potencias del alma (memoria, entendimiento y voluntad) y mantenerlas fijas en un Tú.
- Evitando el orante un peligro que siempre le acechará, el de la *dispersión* que no le deja vivir integrado en esa unidad interior ni le deja tampoco ser señor de sí mismo. Esta dispersión la produce el continuo bombardeo de impresiones nuevas, problemas, sentimientos encontrados, éxitos y fracasos... Y así, en lugar de sentir paz interior, coherencia, estabilidad y seguridad interior (propio de los que viven integrados en una unidad interna), se sienten —y es el caso de muchas personas— como vagabundos en todas las direcciones, llenos de inquietud, temor y desasosiego.

Cuando mires un cuadro, una pintura o una imagen de María, contémplala y verás como casi siempre está en actitud de oración. Y comprenderás que la oración es un talante habitual que todo cristiano tendría que tener siempre en su vida.

Sagrada Conversación
Palma el Viejo (Jacopo Negreti Palma, c. 1480-1528)
Museo Thyssen-Bornemisza (Madrid)

88. María y las disposiciones para la oración

$\mathcal{L}$as cosas se unen cuando son semejantes o de la misma naturaleza. No se une el hielo con el fuego. Desaparece el de naturaleza inferior. Así, Dios no se hace presente en el corazón manchado. Dios es infinitamente santo y puro. Por ello es imprescindible vivir en la inocencia durante la vida o salir del pecado por una sincera conversión.

Disposiciones de María para el encuentro con Dios en la oración:

- *La ausencia de todo pecado.* María fue inmaculada desde el principio. Miremos a María sin pecado concebida y sin ningún pecado personal en toda su existencia. Esencialmente has de procurar evitar los pecados que atentan directamente contra la caridad: críticas persistentes y despiadadas, juicios innecesarios. Y también estar dispuesto a ser corregido y corregir desde la humildad y el deseo sincero del bien del prójimo. Toda acusación echando en cara los defectos abre un abismo para el encuentro con Dios.
- *Un gran deseo de Dios.* Dios se deja siempre encontrar del que, deseándolo de todo corazón, lo busca fervoroso y sin desfallecer. María buscó siempre a Jesús con todo su ardor: «Mira cómo tu padre y yo te buscábamos angustiados...» (Lc 2,48).
- *El vacío y desapego de sí misma y de cualquier otra creatura.* «No tendrás otro Dios que a mí» (Éx 20,3). Cuando ve un corazón vacío, Dios se precipita a llenarlo con su presencia y sus dones. Aquí se podría recordar también la doctrina de san Juan de la Cruz, que dice que el alma apegada —siquiera levemente— a una creatura, no puede volar a lo alto, como el pájaro que estuviera atado a un levísimo hilo de seda.
- *El hacer con perfección las cosas pequeñas.* Es doctrina de grandísima importancia. Lo dice Jesús: «El que es fiel en lo poco...» (Lc 16,10). En lo espiritual, lo *grande* o lo *pequeño* no está en la entidad de las cosas, en el relieve de las personas o en la magnitud de los acontecimientos, sino en la pureza de las intenciones interiores y en el mucho amor. ¡Estamos tan equivocados al ver sólo como importante aquello que aparece como grande en la estimativa mundana...!

Contempla a María, adornada de estas y otras disposiciones, y trata de imitarla en su entrega, en orden a un encuentro profundo con Dios.

La Virgen y el Niño Jesús con santa Isabel y san Juan
PEDRO ATANASIO BOCANEGRA (1638-1689)
Museo del Prado (Madrid)

89. María y la experiencia de Dios

¿En qué consiste la experiencia de Dios? La experiencia de Dios es esa percepción sapiencial y amorosa de Dios que nos introduce en los dones del Espíritu Santo. Se da en lo más profundo del corazón, por lo que queda tocada toda la afectividad y se remueve todo el ser en sus capacidades de obrar y sentir.

Esta experiencia es integradora de la persona. Provoca una vida fecunda y llena de actividad por el reino. Esta experiencia es *incomunicable.* No se puede llevar al corazón con charlas, métodos y estudios de teología o catequesis perfectamente estructuradas. Quizás le puedan predisponer removiendo obstáculos. En realidad no hay profesor, catequista o predicador que pueda provocar y hacer esta experiencia de Dios en el corazón del otro. Esta se adquiere lanzándose de cabeza hacia Dios, y si no, nunca sabrá cómo es Dios. La experiencia es una tarea insustituiblemente *personal* e *intransferible.* Pongamos por ejemplo: alguien nos explica la perfección de una composición de una bella sinfonía; mas el estremecerse, el gozar a fondo de esa sinfonía, sólo se puede lograr escuchándola. Los efectos que produce son más ricos que la teoría... No es lo mismo decir que un pastel es dulce que degustar el pastel. A nadar se aprende nadando, echándose al agua. La teoría del teólogo, lo más que hace, es predisponer. La oración es la que provoca la experiencia de Dios. Por eso necesitamos estar a solas con el Tú, y ahí, que cesen las palabras y que el corazón se dedique a amar, a desear y a contemplar en esa *soledad sonora* donde Dios habla al corazón, y no con palabras, sino removiendo las más oscuras y subconscientes realidades de la mente humana, potenciado en él las inmensas capacidades semidormidas y que sólo Dios puede despertar.

¿Hasta dónde llegó María en su experiencia de Dios? No lo podemos imaginar. La *llena de gracia* lo meditaba todo en su corazón. Ella decía: «el poderoso ha hecho obras grandes en mí» (Lc 1,49). María, al experimentar inefablemente a Dios en la oración, le fue más fiel que nadie, amó más que nadie y fue la más fecunda entre todos los creyentes. Hasta dónde llegó la plenitud de comunicación de Dios a María —la *llena de gracia*— en ese permanente contacto, cercanía y encuentro con Dios en Jesús, no está a nuestro alcance conocerlo...

Miremos siempre a María como modelo de esa experiencia de Dios y como ejemplo de esas disposiciones con que María se preparaba a esas inefables experiencias.

La Virgen con el Niño y ángeles
Eugenio Caxes (1574-1634)
Museo del Prado (Madrid)

90. Orar imitando a María

María es lugar sagrado y bendito donde Jesús se revela con el máximo esplendor. Para tener fácil y seguro acceso a Cristo, María es el camino y la puerta segura que nos conduce a Jesús. Ella lo sabe todo de Jesús, porque lo *guardaba todo en su corazón.* Y lo muestra siempre a los que la miran con gran amor: «Muéstranos a Jesús, fruto bendito de tu vientre, oh piadosa Virgen María». ¿Y cómo encontrarse con María en nuestro camino hacia Jesús?: Orando con gran fidelidad durante toda la vida.

Orando, ¿dónde? Orando *en espíritu y en verdad.* Ahora es llegada la hora en que ni en Jerusalén ni en Garizín adoraréis a Dios, sino en *espíritu y verdad,* dijo Jesús. No sólo has de orar en la iglesia, en la recogida capilla o en la bella catedral, sino en todo lugar. Ora fijando tu imaginación en vivencias muy especiales de María. Recuerda a María en la Anunciación, en estado de gravidez en Belén, camino de Egipto, en la monotonía de Nazaret, al pie de la cruz, en la resurrección…

Orando, ¿cuándo y cuánto? Orando en todo tiempo. *Sin intermisión,* como enseña el apóstol. Sólo para principiantes se reservan tiempos *mínimos* y fijos de oración. En los conocidos *Talleres de Oración* se aconseja y se pide que se haga la *sagrada media hora de oración diaria.* Pero cualquier religioso, sacerdote, catequista o evangelizador, ha de ser persona de oración permanente. Ha de tener la oración como *actitud* y como talante. Si Jesús pasaba noches enteras en oración; María también pasaba, con toda seguridad, sus días y noches en oración.

Orando, ¿cómo? Orando con corazón limpio, unido al pueblo de Dios en sus *gozos y fatigas,* abierto a la más entrañable caridad y misericordia con todos los pobres y sufrientes. Hay que orar bien unido a la comunidad, como María en la naciente Iglesia. Sin oración, se desdibuja la figura de Dios, el apostolado se convierte en dura y dificultosa tarea, la vida pierde su encanto, el mundo y la materia se adueñan del corazón. Con oración como actitud permanente, en cambio, la vida se transforma en luz y armonía increíble. Con oración todo es posible: además de hacer un fecundo apostolado, se da la posibilidad de ser profundamente feliz en medio de las dificultades y penalidades de la vida.

Mira a María, la gran orante en la encarnación, en Nazaret, en la vida pública, en la Iglesia naciente y ahora en el cielo orando e intercediendo siempre ante Jesús por todo el mundo.

La Virgen y el Niño dormido
GIOVANNI BATTISTA SALVI, «SASSOFERRATO» (1609-1685)
Museo del Prado (Madrid)

91. María, modelo de místicos

La vida mística y el lenguaje lírico y simbólico. Todo el misterio de Cristo se le fue revelando a María progresivamente según los designios de Dios y la economía de la fe. Dios mismo le iba comunicando una ciencia profunda e infusa, y no sólo nocional y categorial como la de un teólogo. El lenguaje corriente y el conceptual del filósofo y el teólogo se quedan cortos y desproporcionados para explicar las vivencias inefables —y del todo singulares— de María Santísima[46]. Por eso san Juan de la Cruz, en sus obras, utiliza el lenguaje lírico y usa el *símbolo* para explicar, lo más adecuadamente posible, la esencia de las vivencias místicas. En la vida «mística» entran experiencias «vitales» que no son traducibles a conceptos.

María, soportando firmemente las durísimas pruebas de la fe, se dispuso a las inefables experiencias de Dios en la vida mística. Es imposible decir algo objetivamente adecuado a la realidad de las inescrutables experiencias místicas de María. Sin embargo, como María es *modelo de todos los que experimentan a Dios,* a continuación vemos cómo ella se disponía activa y pasivamente en las grandes pruebas de la fe (verdaderas noches del espíritu) para la vida mística:

- En la Biblia aparecen mujeres estériles y otras de avanzada edad que, por la mediación divina, tuvieron hijos. El Señor podía alterar las leyes de la naturaleza. Pero que una virgen concibiera un hijo y que ese hijo fuera Dios... y esto sucediera sólo una vez en toda la historia de la creación... ¡Era tan extraño todo...! María tuvo ante sí una prueba de fe del todo única y singular, y sin embargo se fió de Dios y creyó al ángel.
- Cuando le llegó el misterioso y sobrenatural embarazo, se encontró con una prueba verdaderamente grave: ¿qué hacer? Decidió entregarse al silencio en una confianza ilimitada en Dios. Dura prueba fue todo esto para María.
- Y los años larguísimos de la infancia, la adolescencia y la juventud de Jesús, en una vida monótona y siempre igual, sin ningún signo divino... ¿no fue eso la gran prueba y la noche del espíritu de María?
- Y el suplicio de la pasión y la cruz de su Hijo inocente, y mil preguntas que se haría ante el dolor, ¿no constituyeron las más oscuras pruebas de la fe que se hayan podido dar en el mundo?

Dios quiere para ti una vida rica en vivencias gozosas y profundas. Por eso es por lo que has de mirar tanto a María, pues ella vivió las virtudes teologales de la fe, la esperanza y la caridad, con el ardor y la fortaleza más honda que se pueda imaginar.

La Virgen y el Niño
GIOVANNI BELLINI (c. 1430-1516)
National Gallery (Londres)

92. Inmensidad de bienes en la vida mística de María

$\mathscr{A}$rdua tarea es entrar en ese abismo de gracia y de donación de Dios, al igual que calibrar el eco y resonancia que tenía la acción divina en el corazón de su humildísima y piadosísima Madre[47]. Pero hemos de decir lo siguiente:

- María iba abriendo progresivamente su espíritu a la efusión de una *caridad* cada vez más viva y ardiente, haciéndola disponible a las más oscuras pruebas de fe y a los mayores sacrificios en favor de su propio Hijo y del prójimo.

- Esta caridad mantenía a María en un grado altísimo de *atención interior a Dios,* y toda ella vivía impregnada de la vida divina, ejercitándose constantemente en las virtudes teologales. Algunos teólogos llegan a comentar, en función del principio de eminencia, que si Moisés y el mismo san Pablo tuvieron alguna vez la visión de Dios, ¿por qué no pensar que María tuviera transitoriamente esta visión? No lo sabemos. Pero lo que es más racional y seguro es que María, encendida en el amor a Dios, y en una vida contemplativa permanente, experimentase los famosos *toques sustanciales* que *a vida eterna saben* —en terminología de san Juan de la Cruz— y que eran producidos por la *blanda mano de Dios.* Se daba en ella esa comunión secreta y sustancial profundísima (abismal), haciéndola Dios tan semejante a Él cuanto una creatura (Madre suya) puede soportar. Dice san Juan que en esa unión tan alta con Dios «está el alma hecha divina y Dios por participación, cuanto es posible en esta vida» (CB, 22,3).

- Si como dice santo Tomás el alma crece no con la suma de actos iguales de caridad, sino cuando esos actos son más intensos y más puros, podemos atisbar cómo crecería en ella el amor a Cristo, su Hijo y su Dios, y también el amor a los hermanos, disponiendo su alma a una entrega *apostólica* sin igual. Y con ese mismo amor con que amaba a Dios y a los hombres en la tierra, los sigue amando desde el cielo aún más intensamente. Dice en una homilía san Amadeo de Lausana: «Ella (la Virgen) situada en la altísima cumbre de sus virtudes, inundada como estaba por el mar inagotable de carismas divinos, derrama en abundancia sobre el pueblo creyente el abismo de sus gracias, que superaban a las de cualquier otra creatura» (AAS 3 [1911] 633).

Dispónte con la humildad, el sufrimiento y la caridad, a ese mundo de la mística tan minusvalorada por ignorada. Seguro que el Señor quiere regalarte esa vida espiritual tan intensa, al igual que se la dio a María, la Virgen fiel.

La Virgen en meditación
Giovanni Battista Salvi, «Sassoferrato» (1609-1685)
Museo del Prado (Madrid)

93. María, maestra espiritual de Jesús y de los hombres

*J*esús en lo que hace, lo que dice y enseña, lo que vive..., es fiel reflejo de tanto como aprendió en el hogar de Nazaret y especialmente del talante y del modo de hacer de su Madre santísima.

María no lleva a su hijo a Jerusalén, donde hay mejores horizontes de cultura y sociedad; tampoco su pobreza lo hubiera permitido. La escuela de vida para todo el mundo es Nazaret. Dios quiso hacer del hogar de Nazaret la mejor escuela de vida con una pedagogía verdaderamente revolucionaria.

En el hogar de Nazaret está latiendo siempre la pedagogía del servicio, del amor y de la igualdad. Cuando Jesús dijo: «Y todos vosotros sois hermanos» (iguales), es que lo había vivido profundamente en el hogar. Pues en este hogar de Jesús, María y José no hubo prepotencias, acaparamientos egoístas de la madre ni mando abusivo del que nosotros llamamos *cabeza de familia*.

Jesús, una vez pasada la infancia, va fijándose y aprendiendo cómo entre María y José se da una paz grande, un servicio permanente y un amor puro y fuerte a toda prueba, y todo fundamentado en Dios. Y así va configurándose en su mente el gran proyecto de otra familia espiritual más amplia.

Jesús aprende de María la religiosidad y la oración. Y esto le lleva a encontrarse a solas con su Padre y el Padre de todos los hombres. Jesús aprende en el hogar tantas cosas... que luego predicó:
—aprende cómo la luz del hogar ha de iluminar a todos los de la casa;
—aprende cómo la sal conserva y da sabor a las cosas;
—aprende cómo la levadura hace fermentar la masa;
—aprende cómo, en la casa, el que más sirve es el que da más felicidad;
—aprende a vivir pobremente y, sin embargo, alegre y feliz;
—aprende, de la dulzura y paciencia de su madre, a ser humilde de corazón;
—aprende la pureza de corazón en la transparencia de María;
—aprende a ayudar a sus parientes y vecinos;
—aprende las bienaventuranzas que se viven en aquel hogar;
—aprende a ser fuerte en la dificultad y en la prueba;
—aprende el trabajo, del artesano José y de su tan hacendosa madre...;
—aprende el valor de lo pequeño;
—aprende tantas cosas...

Adéntrate en esta alta escuela que es el hogar de Nazaret, la casa de María. Ella goza al ver que su hijo Jesús se va haciendo todo un hombre maduro, religioso, alegre, fuerte, solidario y servicial.

La Divina Pastora
BERNARDO LORENTE GERMÁN (1680-1759)
Museo del Prado (Madrid)

94. Iconos de María

La tradición (acaso mejor la leyenda) nos habla de tres iconos pintados por el evangelista san Lucas. Por eso dicen algunos que, en general, el que todos los iconos conserven unos mismos rasgos, es debido a que tienen una misma fuente.

El icono es una pintura sagrada, realizada normalmente en un trozo de madera con una técnica especial, mantenida generalmente a través de los siglos. Los iconos se encuentran en los templos orientales, en los museos, en las casas particulares...

Un centro importantísimo de producción fue Constantinopla, la antigua capital del imperio bizantino. Hoy el icono está extendido por todo el oriente.

El icono propuesto a la veneración de los fieles es un medio religioso y didáctico para expresar los misterios de Cristo, María y diversos pasajes bíblicos, así como historias de santos. Cada icono lleva una leyenda de lo que representa. Es, a la vez que objeto de culto, un medio de hacer presente el mundo espiritual invisible, convirtiéndose en sacramento de la presencia de Dios.

El icono es considerado en el mundo oriental cristiano con valor cercano a la Biblia y a la Tradición. Los iconos marianos tienen un contenido espiritual, dogmático, histórico, litúrgico y didáctico, según los rasgos y la propia leyenda de cada uno.

No sólo están los iconos en gran abundancia en las iglesias orientales, sino también en muchas casas del oriente cristiano. En las casas rusas se vuelve a reservar el *rincón hermoso,* el lugar más sagrado de la vivienda donde está expuesto un icono (generalmente de la Virgen María), haciéndole vela permanente una luz encendida.

San Epifanio (320-404) hace una descripción de la Virgen en sus rasgos más característicos, conservados con bastante fidelidad a través de la iconografía: «La Virgen no era de alta estatura, aunque algunos digan que sobrepasaba los límites de la media... El colorido, ligeramente dorado por el sol de su patria, reflejaba el color del trigo. Rubios los cabellos, vivos los ojos, un tanto aceitunada la pupila. Las cejas, arqueadas y negras; la nariz, un poco alargada; los labios, rojos y llenos de suavidad al hablar. El rostro ni redondeado ni agudo, sino ligeramente ovalado; las manos y los dedos, delgados...» (PG 145, 815).

Puedes poner en tu casa un icono de la Madre de Dios en el *rincón hermoso,* con la luz de la fe y el amor encendido hacia la Madre de Dios. Siempre tu corazón es *rincón hermoso* y sagrado si en él tienes una devoción ardiente a la Santísima Virgen María.

Iconografía de la Madre de Dios en el orden de las fiestas litúrgicas
Primera mitad del siglo XIX
Oficina arqueológica de la Academia Eclesiástica Moscovita

95. El santo rosario y otras devociones

El rezo de las tres avemarías al acostarse y levantarse, el ángelus tres veces al día, un avemaría al dar la hora, visitar los santuarios marianos, llevar una estampa en la cartera o el bolso, llevar un escapulario o medalla de María, tener alguna imagen o cuadro de María en casa, rezar el rosario en familia, presentar los niños a la Virgen, tener capillas domiciliarias, pertenecer a asociaciones marianas..., son algunas devociones marianas.

Rosario significa *sitio o jardín de rosas*. A María le honra y le agrada el aroma de esta corona de rosas espirituales que es el rosario. El rosario está compuesto por las más excelentes oraciones: el padrenuestro (base de la oración cristiana), el avemaría repetido ciento cincuenta veces, el gloria (alabanza y glorificación a Dios uno y trino), la contemplación (compaginando la oración vocal y la mental) de los misterios de la salvación y que son los que nos ayudan a vivir los *dolores* y *gozos* de la vida, según el modelo de Jesús y María.

Hay un peligro: la terrible *rutina*, que puede tener su base en la repetición continuada (casi atosigante) del avemaría. Hay que estar avisados y alerta para no malgastar el tiempo rezando en distraída monotonía, y perder de este modo un sinnúmero de gracias. La meditación atenta y el amor grande a María no nos dejará caer en la fácil monotonía.

La Virgen de Fátima y la de Lourdes nos invitan a rezar el rosario. El padre Peyton aconseja rezar el rosario en familia. Según la tradición más fiable, fue la Virgen María quien reveló y aconsejó a santo Domingo de Guzmán, en el siglo XIII, el rezo y promoción del santo rosario.

El rosario es una síntesis admirable de todo el evangelio, meditación de los pasos del Señor y su Madre, corona de rosas, himno de alabanza, oración sencilla de la familia, compendio de vida cristiana, prenda segura del favor celestial en la hora de la muerte. Juan Pablo II dice que es escala para subir al cielo.

Así canta Lope de Vega la bondad del rezo del rosario:

> *Ea, cristianos,*
> *rosas de tal Señora*
> *no es justo*
> *que se caigan de las manos;*
> *que, mientras más traigáis*
> *la mano en ellas*
> *en vez de marchitarse,*
> *están más bellas*[48].

La Virgen del Rosario
BARTOLOMÉ ESTEBAN MURILLO (1618-1682)
Museo del Prado (Madrid)

96. María y la eucaristía

El tema de María y la eucaristía ha sido poco tratado por los teólogos. Sin embargo, sí sabemos de la presencia de la Virgen María en la comunidad de la Iglesia naciente que celebra la eucaristía y la palabra de Dios.

María y la Iglesia tienen vocación de maternidad. María engendra a Cristo por obra del Espíritu Santo, la Iglesia consagra el pan y el vino y Cristo se hace presente para alimento de los hijos que caminan hacia la salvación.

María entregó al Hijo de sus entrañas para la salvación de los hombres. Y la Iglesia celebra y entrega la eucaristía como pan de vida para el mundo, pues, «el que come de este pan vivirá eternamente» (Jn 6,58).

Cristo se hace sacerdote en el seno de María, y luego se ofrece en el momento culminante de la cruz y en la eucaristía. María estuvo con presencia activa en los comienzos de ese sacerdocio de Cristo en su seno, en el momento de la cruz y en la eucaristía, culmen y momento final de su mediación sacerdotal.

La eucaristía y María tienen su expresión en muchas manifestaciones del arte:

- Se da con alguna frecuencia, desde el siglo IX del Medievo en adelante, la representación de una *mujer* que, puesta a la derecha de Cristo crucificado y sosteniendo en sus manos una copa, va recogiendo la sangre que brota del costado herido de Cristo. En ello se ha visto siempre tanto a María como a la Iglesia, que recogen los sacramentos (el principal es la eucaristía) del costado abierto de Cristo.
- El artista ecuatoriano Miguel de Santiago, en el siglo XVII representa, en algunas iglesias barrocas de Quito, el tema de la Inmaculada y la eucaristía. Es una representación de María, vestida con una túnica blanca y un manto azul, y llevando en su pecho una *custodia*. En este simbolismo, María ofrece a su Hijo hecho pan y alimento eucarístico para alimento de las almas. Su túnica blanca, símbolo de su inmaculada concepción, es el mejor signo de santidad y pureza de corazón con que hay que tratar la sagrada eucaristía.

La vida de la Iglesia ha estado siempre bien arraigada y fundamentada en el culto a la eucaristía y en el culto a María Santísima: la eucaristía es culminación de muchas fiestas marianas. Así aparece en las fiestas de raigambre popular, en la espiritualidad de los movimientos actuales y en los santuarios marianos.

La Virgen parece tener ese carisma: el de conducirnos a la eucaristía. ¡Qué bello es tener ocupado el corazón con estos dos amores: la eucaristía y María!

La Inmaculada y la eucaristía
MIGUEL DE SANTIAGO (1630-?)
Museo Civil de Quito (Ecuador)

97. Lo que Dios hizo en María quiere hacerlo en ti

Con unos cortos rasgos se puede trazar la vida de la Virgen. Las fuentes bíblicas son de gran sobriedad en datos y escenas de su vida, pero todo es de una hondura y riqueza inconmensurable.

Una vida sobria y silenciosa, pero de infinita profundidad. María es una mujer que, siendo virgen y estando desposada con José, llegó a ser madre por puro don de Dios, sin que en sus planes entrase esa maternidad sobrenatural. Es Madre en Belén en unas circunstancias de marginación muy especiales. Huye como familia perseguida y emigrante a un país pagano, Egipto. Y retorna a Nazaret, donde vive en una situación más estable. Un solo suceso rompe la larga monotonía de la vida oculta y misteriosa de la santa familia. Este acontecimiento es la subida a Jerusalén para celebrar la Pascua, cuando Jesús ha cumplido doce años. Jesús iba creciendo y estaba sujeto a sus padres en ese Nazaret de los grandes silencios:

- silencio abismal en la vida oculta de Jesús,
- silencio cerrado sobre María durante la vida pública de Jesús,
- silencio en la pasión, salvo en la comparecencia de la Virgen al pie de la cruz,
- silencio en la resurrección.

Todo este silencio y la sobriedad de datos de la Escritura están en contraste y desproporción con el gran culto y devoción que los pueblos y las masas enfervorizadas tributan a la Madre de Dios. Se cumple la profecía del Magníficat: «Bienaventurada me llamarán todas las generaciones» (Lc 1,48).

María es modelo de lo que Dios quiere hacer en ti. En su corta biografía, María aparece siempre con una *docilidad* y *disponibilidad* sin igual a la palabra de Dios. En perfecta sintonía con el querer divino, se dejó siempre guiar por el Espíritu, y en permanente escucha y meditación se adhirió plenamente a la voluntad del Señor.

Tener a María como maestra de la vida espiritual es lo mismo que hacerse *dócil* y sensible a la permanente llamada del Señor a la santidad. El talante de fe y servicio que María mostró con Dios es para ti el camino que has de recorrer para que Dios te colme de sus inmensos bienes.

La Virgen del Rosario (1720)
Domingo Martínez (1688-1749)
Museo de Bellas Artes (Sevilla)

98. La devoción y el culto a la Virgen

Debemos dar culto especial a María por ser la santísima Madre de Dios, asociada a Cristo en el misterio de la salvación de los hombres; y también porque ella ejerce desde el cielo, solícita y amorosa, el oficio y la misión de ser madre espiritual de la Iglesia y de todos los hombres (LG 66). En estas razones expuestas se fundamenta el culto a María.

Culto público. El Vaticano II, viendo que el culto a María es una gran riqueza para la Iglesia, insiste en que sea promovido en toda la Iglesia, sobre todo en la liturgia; y que también se promueva en las diversas prácticas que surjan dentro de la religiosidad del pueblo cristiano. Y añade que se deben evitar maximalismos, minimalismos y todo lo que represente tacañería para con María, Madre de Dios.

El estilo de culto y devoción nos lo da el mismo Dios que ensalzó a la *llena de gracia* con el don de la maternidad divina.

En todas las épocas, la sagrada liturgia ha sentido una necesidad interna de dar culto a María. La Iglesia, desde tiempos antiquísimos ha venerado e invocado a la Madre de Dios, y el pueblo cristiano se ha cobijado bajo su protección en todos los peligros y necesidades. También la ha mirado siempre como camino y maestra de la vida espiritual. Por ello, la devoción a María es un gran medio de santificación; y así, los grandes devotos de María fueron grandes santos.

Culto privado. En cambio, las devociones particulares (rosario, escapulario y mil formas más), que pueden cambiar según los tiempos, lugares e inclinaciones de cada uno, han de ser escogidas mirando si responden bien a una situación personal, nos apartan del pecado y nos llevan a un amor más sincero a Cristo y al prójimo.

El mejor culto que podemos dar a María es *imitarla* en las disposiciones íntimas que vemos en ella y en la práctica de todas sus virtudes.

La Virgen de la silla (1615-1617)
Guido Reni (1575-1642)
Museo del Prado (Madrid)

99. María, recordada y amada en el hogar y en la creación

Las gentes sencillas, tan frecuentemente fervientes devotas de la Santísima Virgen, ¿cómo pueden expresar su devoción en ese encuentro filial y permanente que quieren mantener con María?

Es importante que el hogar, en el que se pasa gran parte de la existencia, sea un recordatorio permanente que alimente la devoción a María. Así:

- Cuando te mires al *espejo,* puedes recordar que tienes otro limpísimo espejo para poderte mirar siempre. Es María, verdadero espejo de santidad y de *limpia hermosura.*
- Al ver unas *flores* sobre el jarrón de tu casa, recuerda las más bellas flores de las virtudes de María y trata de imitarla y adquirir esas virtudes.
- Al abrir la puerta de tu casa, recuerda que María es *puerta del cielo* (tomada la palabra puerta, como es natural, en sentido metafórico) que acoge siempre, con entrañas de misericordia, a todos sus hijos pecadores. Y mirándote en su ejemplo querrás ser tú también puerta siempre abierta para acoger generosamente a tu prójimo.
- Al sentirte seguro y en el descanso relajado que da la libertad de estar en casa, piensa en María, la cual es *casa de oro* donde debes sentirte seguro y cobijado bajo la protección amorosa de María.

La creación entera está llena de recuerdos de María. Ella es como la estrella de la mañana que anuncia el nuevo día de la salvación e ilumina la dureza y oscuridad de la vida.

María, mujer vestida del sol y rodeada de estrellas, es como la aurora mañanera y guía de los hombres que caminan en el proceloso mar de este mundo.

María es llamada *reina de la creación* indicándonos la excelencia y el poder amoroso que ejerce sobre todas las criaturas.

Además, podemos contemplar la tierra entera, llena de ermitas y famosos santuarios dedicados a María; y las iglesias, catedrales y museos llenos de imágenes y pinturas de la Virgen. Y si todo fuera poco, millones de mujeres nos recuerdan, con sus nombres, la vida y misterios de María.

Que muchas cosas de tu hogar y de la creación entera sean un *recordatorio* que despierte continuamente los sentimientos más encendidos de una devoción muy tierna a María.

La Virgen y el Niño Jesús con santos (1759)
GIAMBETTINO CIGNAROLI (1706-1770)
Museo del Prado (Madrid)

100. Gracias a Dios por la Virgen

Si a los que nos dieron la vida les debemos una inmensa gratitud, mucho más estamos en deuda con María que nos da a Jesús, el fruto bendito de su vientre y vida eterna de los hombres.

Por eso, aunque pobre y mendigo como soy, en lo más ardiente de mi deseo, quisiera ser rico en gratitud.

¡Ojalá que mi existencia, vivida como agradecimiento, sea como un «cántico nuevo» ante el Señor y su dulcísima Madre!

Mientras tanto quisiera gritar mi acción de gracias y decir con los versos de mi buen amigo y gran poeta Rafael Matesanz:

Gracias a Dios por la Virgen

Gracias, Señor, la Virgen nazarena
es tu Madre y mi Madre juntamente.
A ti, te dio su carne confidente;
a mí, me da su savia de azucena.

Tú la llenaste con la gracia plena.
Ella te dio su ser enteramente.
Yo nada puedo darle: solamente
llamarla Madre inmensamente buena.

Gracias, Señor, por darme la alegría
de saber que tu Madre es Madre mía
y me custodia como a hijo niño.

Gracias, Señor, tu dimensión materna
se llama Virgen de mirada tierna
y es albergue de cálido cariño.

La Asunción
MATEO CEREZO (c. 1626-1666)
Santa María de Mediavilla (Medina de Rioseco, Valladolid)

Notas

[1] P. BELTRÁN, *Ramillete de flores de retama. Endechas,* 184 (Retablo de flores de retama, Biblioteca de Antiguos Libros Hispánicos, CSIG, Madrid 1940).

[2] LOPE DE VEGA, *Pastores de Belén* II, en *Obras escogidas* II (edición de F. SÁIZ RODRÍGUEZ), Aguilar, Madrid 1953, 134.

[3] A. DE MONTESINOS, *Cancionero. Coplas de ensalzamiento y dignidad de nuestra Señora,* BAE 35, n. 149, p. 118.

[4] Liturgia de las Horas: himno de las Vísperas de la Natividad de nuestra Señora. Tomado de LOPE DE VEGA, *Pastores de Belén* I, 1200 en F. SAIZ RODRÍGUEZ (ed.), *Obras Escogidas* II, Aguilar, Madrid 1953.

[5] LOPE DE VEGA, *Pastores de Belén* II, 1231.

[6] I. RODRÍGUEZ VILLAR, *Meditaciones sobre la Santísima Virgen María,* Valladolid 1967, 47.

[7] J. M. PÉREZ LOZANO, *Elogio de José,* en AA.VV., *Sombra de Dios, maduro silencio,* Valladolid 1974, 123.

[8] J. DE VALDIVIELSO, *Vida, excelencias y muerte del gloriosísimo patriarca y esposo de nuestra Señora san José,* BAE 35, p. 161.

[9] S. SPINSANTI, *Mártir,* en AA.VV., *Nuevo diccionario de espiritualidad,* San Pablo, Madrid 1991⁴, 1175-1189; cf también AA.VV., *Nuevo diccionario de mariología,* San Pablo, Madrid 1993².

[10] G. M. POLO, *Maria del mistero della salvezza secundo papa Leone Magno,* Vicenza 1975, 47.

[11] F. DELCLAUX, *Antología de poemas a la Virgen,* Rialp, Madrid 1991, 132.

[12] LÓPEZ DE ÚBEDA, *Coplas al santísimo nacimiento de la serenísima Reina de los Ángeles, Madre de Dios* I, Rodríguez Moñino, Madrid 1962, 307.

[13] LOS AUROSOS, *Cancionero popular del Rosario de la Aurora,* Peláez del Rosal y J. Pedrajas, Priego de Córdoba 96 (1978) 105.

[14] PEDRO DE PADILLA, en F. DELCLAUX, *o.c.,* 116.

[15] CRISTÓBAL DE CABRERA, *Rosarium B. Benedictaque et almae Deigenitricis Mariae.* Cf *Poetas religiosos del siglo XVI,* Macías y García, La Coruña 1890, 45.

[16] Cf E. DE LA HUERGA, *Covadonga,* en AA.VV., *Nuevo diccionario de mariología,* 506.

[17] F. DELCLAUX, *o.c.,* 116.

[18] *Pastores de Belén* I, 1201.

[19] *Pastores de Belén* II, 1229.

[20] J. DE VALDIVIELSO, *o.c.,* 178.

[21] Ib.

[22] Ib.

[23] D. Iguacén Borau, *Diálogos con santa María, Madre de Dios*, Ed. Reproducciones Gráficas, La Laguna (Tenerife), 321-329.

[24] Ib, 65-72. Cf *El libro de los cien sabios*, Dossat, Madrid 1984, 968-971.

[25] G. Diego, *Versos divinos*, Ed. Conrado Blanco, Madrid 1970, 73-74.

[26] J. de Valdivielso, *o.c.*, c. XIII, 186.

[27] S. Nieva y Calvo, *La mejor mujer, Madre y Virgen*, Madrid, 1625, p. 186 y XIII f 132v-133.

[28] A. Murciano, *Romance de María y José la noche de Navidad*, en L. M. Herranz, *Mariología poética española*, BAC, Madrid 1988, 410.

[29] S. Nieva y Calvo, *o.c.*, 194.

[30] J. de Valdivielso, *o.c.*, 194.

[31] Lope de Vega, *Pastores de Belén* IV, 1311. La Liturgia de las Horas ha hecho suyas algunas estrofas de esta letrilla en la fiesta de la Epifanía.

[32] L. Luis, *Antología de poesía religiosa*, Alfaguara, Barcelona 1988, 463.

[33] *Villancico del Niño Mundo*, en L. M. Herranz, *o.c.*, 443.

[34] Ib, 578-579.

[35] H. García de Quevedo, continuador del poema *María* que había comenzado Zorrilla *(Obras de José Zorrilla* XI, II, p. 1075).

[36] I. Salceda, *Lucero de nuestra salvación*, auto impreso en pliego suelto y sin fecha, BAE 35, 385.

[37] J. Padilla, *Retablo de la vida de Cristo*, BAE 35, p. 909, n. 384.

[38] Anónimo, *Las albricias de nuestra Señora*, BAE 158, 431-437.

[39] X. Pikaza, *La madre de Jesús. Introducción a la mariología*, Sígueme, Salamanca 1990, 624.

[40] Pío XII, bula *Munificentissimus Deus*, AAS (1950) 770.

[41] J. Álvarez Gato, en F. Delclaux, *o.c.*, 72.

[42] I. Larrañaga, *Manual del Guía*, mensaje de la sesión XII.

[43] J. López Melús, *María, una historia de amor*, San Pablo, Madrid 1994, 165.

[44] R. Matesanz, *En el hogar de Dios*, premio «El Erial» de poesía 1993, 85.

[45] C. Arranz Enjuto, *Cien rostros de Cristo*, San Pablo, Madrid 1998, 140.

[46] E. Ancilli, *María Santísima*, en *Diccionario de espiritualidad* II, Herder, Barcelona 1984, 536-551.

[47] Ib, 538.

[48] Lope de Vega, *La devoción del rosario*, en *Obras dramáticas*, RAE, 296.

Índice de cuadros

Índice general